社会工作者实践性知识研究

安秋玲　著

華東理工大學出版社
EAST CHINA UNIVERSITY OF SCIENCE AND TECHNOLOGY PRESS
·上海·

图书在版编目(CIP)数据

社会工作者实践性知识研究 / 安秋玲著. —上海：华东理工大学出版社，2019.1

ISBN 978-7-5628-5655-9

Ⅰ.①社…　Ⅱ.①安…　Ⅲ.①社会工作—研究—中国　Ⅳ.①D632

中国版本图书馆 CIP 数据核字(2018)第 258934 号

策划编辑 / 牟小林
责任编辑 / 刘　军
装帧设计 / 徐　蓉
出版发行 / 华东理工大学出版社有限公司
地址：上海市梅陇路 130 号，200237
电话：021-64250306
网址：www.ecustpress.cn
邮箱：zongbianban@ecustpress.cn
印　　刷 / 江苏凤凰数码印务有限公司
开　　本 / 710 mm×1000 mm　1/16
印　　张 / 11.5
字　　数 / 150 千字
版　　次 / 2019 年 1 月第 1 版
印　　次 / 2019 年 1 月第 1 次
定　　价 / 68.00 元

目　录

第一章　社会工作者实践性知识的提出

当今，随着中国的崛起，中国的经验和所面对问题在很大程度上已很难在西方的理论框架之中获得全部解释。建构自主性的知识体系，是时代赋予中国社会科学的期许，①②中国社会工作也面临着这样的时代发展任务。尤其是自2013年党的十八届三中全会通过《中共中央关于全面深化改革若干重大问题的决定》以来，我国政府积极探索创新社会治理体制，这为激发社会力量参与社会治理提供了巨大空间，社会工作作为社会力量的一种，如何把握机遇，完成历史所赋予的使命，成为一个紧迫问题。而其中的关键乃是努力寻求能够更有效解释中国经验、解决中国问题的社会工作知识框架。这是中国社会工作发展的本土自觉和理论自觉的必然要求。社会工作者实践性知识(practical knowledge)，作为社会工作者

① 曹锦清.如何研究中国[M].上海：上海人民出版社，2010.

② 何雪松.迈向中国的社会工作理论建设[J].江海学刊，2012(4).

在动态、复杂的专业服务现场所建构生成的关于如何处理具体专业实践问题的一种知识形态，恰好处在具有专业价值理念的社会工作专业知识体系和具有本土文化境遇的社会工作实践现场之间的交汇处，恰好处在体现抽象化、概括化的社会工作理论逻辑和体现情境化、个体化的社会工作实践逻辑之间的交汇处，为我们探寻中国社会工作知识提供了非常有价值的切入点和可能路径。

第一节　中国社会工作发展与社会工作者实践性知识的提出

一、快速发展中的中国社会工作

社会工作是一门以实践为基础的专业和学科，其中社会正义、人权、集体责任和尊重多样性是其核心原则。以社会工作理论、社会科学和本土知识为支撑，社会工作旨在促进社会变革和发展，加强社会凝聚力，帮助人们改变其所处的环境，解决生活中的挑战，提升幸福感。① 正是由于社会工作的这一价值使命、专业追求，以及在其指导下的实践性特色，社会工作已在全世界超过一百多个国家生根发展，其中也包括中国在内。

回顾中国社会工作的发展历程，20 世纪二三十年代，中国社会工作教育就已开始。其中，燕京大学于 1922 年成立社会学系，着重培训社会服务的专业人才。1925 年，该系改为“社会学与社会服务系”，随后其他一些院校也相继开设了社会服务和社会工作方面的课程或专业。② 但随着 1952 年全国高等教育专业调整，社会学（社会工作专业）被关闭，直至

① IFSW & IASSW. Global Definition of Social Work[EB/OL]. 2015－12－18. http://www.iassw-aiets.org/global-definition-of-social-work-review-of-the global-definition.

② 袁方.中国社会工作教育及其面临的转变[J].中国社会工作，1997(1).

20 世纪 80 年代后期恢复重建。社会工作在中国的再恢复与快速发展，是社会经济快速发展时代，政府解决各种新生社会问题的必然需求。在计划经济体制时代，社会工作的唯一主体是政府，并呈现出“政府包揽、单位承办”的特点，与社会工作相关的各类具体领域，如就业、保险、教育、养老、住房，甚至婚丧嫁娶、柴米油盐（各种形式的补贴）等都由个体所在的单位负责。如果个体属于非就业人口或农民，政府则通过“政府救济，（社会）集体帮扶”等形式，保证个体或家庭能得到基本的生活保障。另外，一些具有福利性质的事业单位、人民团体等，也会从事实际社会工作服务，例如，工会、共青团、妇联、老龄机构等。但在计划经济时期，它们也都具有行政性和半行政性的特点。

随着 1978 年党的十一届三中全会提出了改革经济体制的任务，标志着我国开始了计划经济向社会主义市场经济过渡的历史过程。1992 年，党的十四大正式确立了我国经济体制改革的目标模式是建立社会主义市场经济体制，中国经济开始在市场经济体制框架下运行。市场经济体制的推进，在使中国社会经济水平不断提高的同时，也不可避免地出现了巨大的贫富差异，弱势群体及其所产生的问题日益凸显，构成了影响我国社会稳定与社会公正的潜在因素之一。中国政府在新的历史形势下，开始逐步调整其功能，把自身的功能聚焦在如何更好地“管理”，把“服务”转交给专业性的社会机构，以实现“小政府大社会”的改革目标。[①]

在这种背景下，专业性的社会工作开始逐步受到重视。为了更好地提升社会工作者的专业性，使其能满足国家和社会提出的要求，2004 年，社会工作在中国的第九批国家职业标准中被正式认定为新职业，这不仅进一步促进了社会工作者培养规模的增长，而且也刺激了社会工作者岗位数量的增加。2006 年中共中央提出了“建设宏大的社会工作人才队

① 李迎生，韩文瑞，黄建. 中国社会工作教育的发展[J]. 社会科学，2011(5).

伍”的任务，我国的社会工作“专业化”迎来了前所未有的高速发展。2010年中共中央发布的《国家中长期人才发展规划纲要(2010—2020)》，进一步将社会工作专业人才提升为与党政人才、企业经营管理人才、专业技术人才、高技能人才和农村实用人才相并列的第六支主体人才地位，明确提出适应构建社会主义和谐社会的需要，以人才培养和岗位开发为基础，以中高级社会工作人才为重点，培养造就一支职业化、专业化的社会工作人才队伍，到2015年培养200万社会工作专业人才，到2020年培养300万社会工作专业人才的发展目标。为落实这一规划，2011年中央组织部、中央政法委、民政部等18个部门和组织联合发布了《关于加强社会工作专业人才队伍建设的意见》，2012年中央组织部、中央政法委、民政部等19个部委和群团组织联合印发了《社会工作专业人才队伍建设中长期规划(2011—2020)》，为社会工作的专业化进程设定了战略性目标。

在中国政府的积极推动下，社会工作在中国快速发展，日益拓展到民政体系、学校、家庭、医院、社区、监狱等场域内，为儿童、青少年、老年群体开展着健康、救助、慰老、司法等多方面的服务。截至2016年底，全国共有社会服务机构和设施174.5万个；全国持证社会工作者共计28.8万人，其中社工师6.9万人，助理社工师21.9万人；全国社会服务事业费支出5 440.2亿元，比2015年增长10.4%，占国家财政支出比重为3.4%。[①] 政府在积极推动社会工作人才专业化发展政策的同时，也积极鼓励民间力量建立各类社会机构，尤其是自2013年9月《国务院办公厅关于政府向社会力量购买服务的指导意见》发布以来，截至2017年底，我国民办社会工作服务机构已经增长到7 511家。

在这一过程中，社会工作教育承担了积极的推动作用。自1988年，北京大学第一次开设社会工作专业方向，紧接着1989年华东理工大学开

① 中华人民共和国民政部. 2016年社会服务统计公报[EB/OL]. 2017-08-03. http://www.mca.gov.cn/article/sj/tjgb/201708/20170815005382.shtml.

设了社会工作本科专业，随后其他一些大学也开设了社会工作专业或课程，学校教育为社会工作的专业发展提供了基础和保障。截至2017年3月，全国共设立社会工作专业院校339所，其中有社会工作专业硕士(Master of Social Work，简称MSW)授权点的学校105所；授予社会工作方向博士学位授权点的学校有14所。中国社会工作呈现出强劲的发展势头。

二、中国社会工作者的实践性知识亟待关注

与中国社会工作的快速发展不相称的是，中国社会工作的知识体系框架主要是引自西方的社会工作专业理论体系和知识框架，其中包括教材的使用、教师的国外学习等。可以说，截至目前，中国本土的社会工作知识一直在讨论，还未能形成体系化。

习近平总书记在2016年的哲学社会科学工作座谈会上的讲话中明确提出："加快构建中国特色哲学社会科学。要按照立足中国、借鉴国外，挖掘历史、把握当代，关怀人类、面向未来的思路，着力构建中国特色哲学社会科学，在指导思想、学科体系、学术体系、话语体系等方面充分体现中国特色、中国风格、中国气派。为此，我们要把握以下3个方面。第一，体现继承性、民族性。绵延几千年的中华文化，是中国特色哲学社会科学成长发展的深厚基础。要坚定文化自信，中华民族有着深厚文化传统，形成了富有特色的思想体系，体现了中国人几千年来积累的知识智慧和理性思辨。这是我国的独特优势。要围绕我国和世界发展面临的重大问题，着力提出能够体现中国立场、中国智慧、中国价值的理念、主张、方案。第二，体现原创性、时代性。我们的哲学社会科学有没有中国特色，归根到底要看有没有主体性、原创性。跟在别人后面亦步亦趋，不仅难以形成中国特色哲学社会科学，而且解决不了我国的实际问题。第三，体现系统性、专业性。中国特色哲学社会科学应该涵盖历

史、经济、政治、文化、社会等诸多学科，不断推进学科体系、学术体系、话语体系建设和创新，努力构建一个全方位、全领域、全要素的哲学社会科学体系。”①

中国社会工作发展到今天，虽然关于社会工作本土化的讨论一直是热点的问题，但是已有的研究主要集中“化”，定位在如何更好地引进西方的社会工作知识体系来满足我们当下的需求，而一定程度上忽视了中国在计划经济时代积累的一些卓有成效的服务方法，也忽略了对几十年社会工作摸索前进中的经验再整理。因此，如何在中国的社会文化语境中，实现它的本土化和脉络化，以促进中国社会工作的专业化发展，是当前社会工作研究中的一个基本论题，即中国社会工作知识发展的问题。这一问题随着社会工作实践发展，愈发显示出其研究的重要性和紧迫性。这一方面是社会发展的需求，中国社会的发展，需要能够有效解决中国问题的社会工作知识体系；另一方面是社会工作自身的需求，中国社会工作的发展，需要研究中国的问题，梳理中国的经验，建构自主性的知识框架。当前阶段，我国的社会工作发展自恢复与重建以来，已经经历了三十多年的摸索和积累，进行阶段性的反思和提升，对社会工作自身专业性的发展有着重要意义。中国社会工作者的实践性知识，恰恰为中国社会工作知识的发展提供了非常有价值的生长点。社会工作者的实践性知识，作为一线社会工作者在社会工作的专业服务过程所生成的一种知识形态，能够折射中国主流的社会工作理论和实务模式，在中国社会文化场域中的适宜性，体现了中国社会工作者解决中国社会工作服务问题中的立场视角、价值预设、方法策略等，是我们发展中国社会工作知识亟待努力的方向。本书将通过长期的一线观察和访谈资料，研究我国社会工作者在一线所积累的实践性知识，分析其存在样态，在此基础上为总结适合我国实

① 习近平：在哲学社会科学工作座谈会上的讲话[EB/OL]. 2016 - 05 - 18. 新华网 http://news.xinhuanet.com/politics/2016-05/18/c_1118891128_2.htm.

践,有中国特色的社会工作知识体系自主性发展提供对策建议。

第二节　知识观转型与社会工作者实践性知识的提出

一、实证主义知识观下的社会工作知识理解

回溯西方20世纪以来的社会工作发展史,可以发现其中知识观基础经历了重大转向,并进而影响了人们对社会工作知识的认识和理解。进入20世纪,实证主义的知识观开始主导社会工作领域。实证主义所推崇的科技理性强调如何应用科学和技术的成就来增进人类的福祉,并倡导科学和技术的绝对胜利。其代表人物法国哲学家、社会学家孔德(Auguste Comte)曾提出三个原则性信条:实证科学不仅是知识的一种形式,也是世界之实证知识的唯一来源;彻底消除人类心灵中的神秘主义、迷信和其他形式的伪知识;科技不再只是几何学、机械或化学的科技,同时也是政治与道德的科技。

在此影响下,那些大量存在于社会工作中,面向案主进行实际问题解决和服务的知识,因不能被简化成逻辑与数学的分析模型,不能被纳入实证主义知识体系中,而被排斥在科学的社会工作知识体系之外。而那些所谓科学的社会工作知识则主要是"手段—目标"之关系的知识,带有强烈的工具主义色彩。在实证主义者看来,社会工作专业实践不过是一个问题解决的过程。问题的确定与解决就是社会工作者在所有的手段中选择一个最能有效达成目标的过程。

今天看来,这一工具理性取向的实证主义知识观对社会工作实践造成了误区。因为在真实的社会工作实务现场,对问题的解决需要以厘清问题情境为前提,而具体的问题情境又总是复杂的、多变的,充满了不确

定性和文化境遇性，在这种情况下，实证主义知识观提供的客观知识无力解决社会工作者现场的情境性问题。但为了获得和提升社会工作的专业地位，很多社会工作研究者又不得不去追逐与生产着处于知识高端的，所谓的客观、科学、系统性的社会工作理论与实务知识。这直接导致了这些社会工作知识与实践之间的巨大鸿沟，一线社会工作者在实务现场所建构生成的具有情境性、体验性、个体性的实践性知识被排除在外。

二、后现代知识观下对社会工作者实践性知识的关照

自20世纪中后期起，在后现代知识观发展的影响下，社会工作的知识观基础也在悄然发生着变化，比如，建构主义知识观、诠释主义知识观在社会工作领域中的影响力渐增。其中英国物理化学家和思想家迈克尔·波兰尼(Michael Polanyi)提出的“默会知识论”，对社会工作者实践性知识的提出具有很大启示。

波兰尼在《个人知识：迈向后批判哲学》一书中对知识的个人性，以及默会性进行了深刻诠释。他认为知识不仅是客观的、文本的，而且包含着激情、取向、偏好、兴趣等个性化的因素，是个人性与客观性的结合。他认为，通常可以描述出来的以文字、图表和数学公式加以表达的知识，只是知识的一种类型。还有很多未被描述出来的知识，如我们在做某事的行动中所拥有的知识。他将前者称为“可言传知识(verbal knowledge)”，后者则被称为“默会知识(tacit knowledge)”。他认为在个人知识体系中，可言传知识仅仅占了很少一部分，更多的是默会知识。①

这一知识观的提出，使知识脱离了“理性主义”的操控而成为“人”的知识，“人”成为知识的衡量尺度，成为个人生活史的一部分。这为实践性知识的提出奠定了坚实的理论基础，并推动了一线的实证研究。如美国

① [英]迈克尔·波兰尼.个人知识：迈向后批判哲学[M].许泽民，译.贵阳：贵州人民出版社，2000.

当代实践认识论研究者唐纳德·舍恩(Donald Schon)在其著作《反思性实践者——专业工作者如何在行动中思考》中，通过对建筑师、城市工程学家、经营管理专家、精神分析专家等人群专业实践案例的研究，提出"专业人士具有某种特殊的知识，这种知识存在于行动当中，每个胜任工作的人都有一套关于如何去做的知识，通过在实践中不断地处理问题使实践认识内隐、自然和自动化"。①

在社会工作领域，早在20世纪初，作为美国睦邻组织运动一面旗帜的艾德米斯(Jane Addams)，受杜威(John Dewey)和米德(G. H. Mead)等学术思想的影响，倾向于以一种人文的、民主的方式去解决社会问题，以参与和理解的范式质疑社会工作技术理性取向，反对采用一种技术定向的方式去理解人类和社会问题。她挑战了当时里士满(M. Richmond)领导的慈善组织会社(COS)所倡导的采用科学计量来诊断问题的"科学"观点，质疑那些仅仅建立在专家所提出的理论知识基础上的理解，强调基于社会工作实践的行动视角。她认为理论知识很难直接被应用于实践中，基于实践行动经验所生成的实践性知识，对问题的解决更有效。这种对实践性知识的强调，也被看成与波兰尼的默会知识和唐纳德·舍恩的反思性实践者有内在相通之处。② 这种对实践的重视一直影响着后来的研究。

在20世纪30年代，随着大家对社会工作专业科学化的质疑，"社会工作者所学的理论知识可否有效用于实践"也同时作为一个问题被提了出来。研究者发现，社会工作者并非直接、简单、线性地运用专业理论知识去解决实践问题，他们在实践中有一套独特的实践性知识体系。卡普夫(M. L. Karpf)是较早对社会工作领域中这一知识运用现状进行考察

① [美]唐纳德·A.舍恩.反思性实践者——专业工作者如何在行动中思考[M].夏林清，译.北京：教育科学出版社，2007.

② Eldøena T, et al. Social work in light of Jane Addams[J]. Sociology Study, 2017, 7(4).

的研究者。1931 年，卡普夫对个案社会工作者在实务过程中，是明确地还是内隐地使用社会工作理论知识进行了研究。通过分析研究对象的个案记录，卡普夫发现，在实务过程中，个案社会工作者并没有明显地求助于任何明确的外在标准来作出他们的记录诊断，没有证据显示他们应用更多地理论知识来指导他们的治疗过程，他们基于自己实践经验的直觉判断似乎起着更大作用。[①]

相似的研究结论也被其他研究者提及。罗森布拉特（A. Rosenblatt）使用问卷调查法对 308 名一线社会工作者进行考察，发现他们很少会主动地把专家在研究中的发现运用到实践中去，也不认为那些研究发现有多大用处，“专家的研究对一线社会工作者学习如何诊断、理解治疗过程和提升实务操作只起了很微小的作用”。[②] 同样地，卡鲁（R. Carew）对英格兰一线社会工作者的研究也有类似结果，他发现这些社会工作者只在极小的程度上把他们的工作建立在已有研究和理论知识的基础之上。为此，他认为发展可以应用于社会工作实践的知识是非常重要的。[③] 卢森（A. Rosen）于 1994 年曾研究了以色列的 6 家公共社区家庭服务机构中的 73 名社会工作者，通过分析参加者的实践理由，发现理论知识以及基于研究的知识并没有令人信服地引导他们工作，起作用的往往是他们基于社会文化实践所形成的价值判断。[④] 阿什克罗夫特与凯特维克（R. Ashcroft，T. V. Katwyk）采用民族志的方法，考察了两家瑞典儿童服务部门中社会工作者的知识使用情况。结果显示，社会工作者更喜欢以实践为基础的知识，这些知识主要来自同事和以前的经验，他们很

---

① Karpf M L. The scientific basis of social work[M]. New York：Columbia University Press，1931.

② Rosenblatt A. The practitioner's use and evaluation of research[J]. Social Work，1968，13(1).

③ Carew R. The place of knowledge in social work activity[J]. The British Journal of Social Work，1979，9(3).

④ Rosen A. Knowledge use in direct practice[J]. Social Service Review，1994，68(4).

少咨询来自实践环境之外的其他来源的知识。[①] 英格兰德(H. England)认为，社会工作者的这些实践性知识，具有内隐性，它们是社会工作者通过实践他们的技艺而获得，以实践智慧的形式而存在，不能简单被交流或教授，除非是拥有它的个人换到了不同的环境中，个体会去实验它。但是经过了很多年，内隐知识通过直觉、预感和经验而被成功地传递。这种内隐知识存在于个人经验或强调"手艺"知识的领域中，也会存在于一些强调直觉的重要性，以及与实践经验相关联的专业领域中。[②]

综上可见，关于社会工作及其知识形态的讨论由来已久。随着后现代知识观的发展和影响，以及对社会工作专业所拥有知识的科学性的探讨的兴起，社会工作中可预测和可控制的知识范畴也引起更多的质疑。人们看到，社会工作领域因直接面对动态的个体与情境，使其所需要处理的各种人类事务既不稳定也不可完全测量。对此，越来越多的研究者已逐渐意识到，社会工作者所期待去测量和评估的人类风险是"不能归于科学量化或概率化的"，而更应依赖于"艺术和局势的判断"。[③] 因此，对于社会工作者的认识和理解，应"摒弃那种认为社会工作者可以预测情境和风险结果的不合理的期待"，应"包容不确定性和模糊性以及开发潜在的创造性"。[④] 社会工作的一系列知识和技能逐渐被认为是具有情境性的，扎根于社会工作者和服务对象之间互动的具体背景之中的。在具体的实务背景中，社会工作者建构、生成着实践性知识。

---

① Ashcroft R, Katwyk T. V. Joining the global conversation: social workers define health using a participatory action research approach[J]. British Journal of Social Work, 2017, 47(2).

② England H. Social work as art: Making sense for good practice[M]. London: Allen and Unwin, 1986.

③ Parton N. Risk, advanced liberalism and child welfare: The need to rediscover uncertainty and ambiguity[J]. British Journal of Social Work, 1998, 28(1).

④ Smith P. Statutory social work: A study of workers' expectations and realisations[J]. Social Work Review, 2001, 111(4).

第三节　社会工作者实践性知识的内涵

一、关于知识

知识起源于人们的日常生活需要。在现代汉语词典中，知识被定义为“人们在社会实践中所获得的认识和经验的总和”[①]。在西方的知识论传统中，知识则被定义为“认识主体对外在事物正确把握后形成的信念”。[②] 知识有不同的类型，不同时代与不同学科有不同分类。最早的知识分类源于我国上古文献《尚书·洪范》，其中提出的“九畴”就是按照知识的用途将其划分为天文、地理、农事、国政、人伦日用等部类的早期方式。在西周时期，我国已经出现了礼、乐、射、御、书、数的六艺分类法。[③] 当前知识的发展日新月异，知识分类的标准和维度也层出不穷。比如，在知识经济学领域中，主要是按照知识的效用维度进行分类，包括显性知识和隐性知识、内部知识和外部知识、个人知识和组织知识、实体知识和过程知识、核心知识和非核心知识。这种分类方法的好处是鼓励参与和协作沟通，为知识的交流、创新和运用提供条件。又如，在教育领域中，常见的是按照知识的属性维度进行分类，分为事实性知识、概念性知识、程序性知识和元认知知识等。其中，事实性知识指独立的、特定的知识内容，如关于专有名词等；概念性知识相对于事实性知识要更复杂、更有组织性，如关于理论、模型、结构的知识等。这两类知识都是指有关什么的知识。程序性知识则是指如何去做的知识，如关于技能、方法的知识等就属于此类型。元认知知识是指个体认知方面的知识，如关于策略的、任务情

① 中国社会科学院语言研究所词典编辑室. 现代汉语词典(第 5 版). 北京：商务印书馆，2005.
② 胡军. 知识论[M]. 北京：北京大学出版社，2006.
③ 陈洪澜. 论知识分类的十大方式[J]. 科学学研究，2007(1).

景的和自我认知的知识等。

另外，在学界，也有研究者把知识归纳为三种类型：熟悉型知识、能力型知识以及命题型知识。其中，熟悉型知识指某人知道某事或某人；能力型知识指的是某人知道如何做某事，虽然可能无法解释是如何做的，但具有一种掌握某种技巧的能力，并能有意或无意地做；命题型知识指的则是某人知道某个陈述或命题，且命题有真值，能够被证实。① 还有研究者提出了过程知识和行动知识两种类型，其中过程知识是集中通过行动和经验获得的知识，它集中于作判断的过程，其中过程强调的是知识不能脱离既定框架，以及被有效应用，过程知识的应用需要考虑知识的翻译、约定（engagement）和转换。行动知识，则主要是指直接或间接与服务对象工作过程中所涉及的技能或技术。②

二、关于社会工作知识

社会工作实践是一项高技能的活动，需要广泛的知识基础和相当的智力能力。因此在社会工作领域中，对知识的讨论也由来已久。然而，关于是什么构成了社会工作的知识基础，以及如何将其应用于具体的服务工作中，却是经常遇到的困境。也许正因如此，对于社会工作的知识构成问题，是很多研究者致力探讨的问题。其中，比较有代表性的观点如英国研究者特里维西克（P. Trevithick）所提出的社会工作知识三维框架理论③：理论性知识、事实性知识、实践性知识。如图 1-1 所示：

参照特里维西克（P. Trevithick）这一分类框架，我们对其提出的这三种基本的社会工作知识类型，作一具体介绍。

---

① 陈向明等. 搭建理论和实践之桥——教师实践性知识研究［M］. 北京：教育科学出版社，2011.

② Sheppard M, Ryan K. Practitioners as rule using analysts: A further development of process knowledge in social work[J]. British Journal of Social Work, 2003, 33(2).

③ Trevithick P. Revisiting the Knowledge Base of Social Work: A Framework for Practice[J]. British Journal of Social Work, 2008, 38(6).

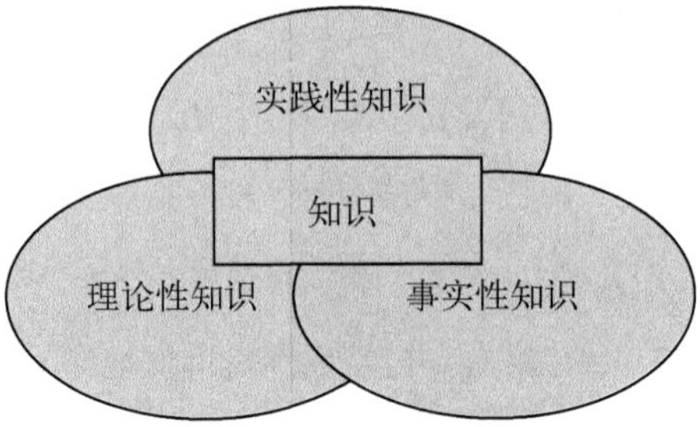

图 1-1　社会工作知识三维框架

（一）理论性知识

知识和理论有时可以互换使用，这导致人们对这两个术语是什么关系，以及它们与社会工作实践之间的关系，常常混淆不清。《牛津词典》中，则将这两个概念作了明确划分，知识被定义为“通过经验或教育获得的事实、信息和技能”，理论则被定位为“旨在解释某些事物的假设或思想体系”。[①] 在此基础上，特里维西克（P. Trevithick）提出了社会工作中的理论性知识，并将其划分为三个领域。

1. 阐明我们对人、情境和事件的理解的理论

在社会工作领域中，那些阐明我们对人、情境和事件的理解的理论，往往是“借来的”理论，或者被称为“为了社会工作的理论”（theory for social work）[②]，主要包括心理学、政治学、经济学、法学、生态学、公共行政理论、社会学经典理论家的相关学说及精神分析理论等诸多社会科学经典理论在内的外借理论的演绎与推理。之所以社会工作借鉴这些学科的理论，是因为社会工作具有明显而浓厚的学科交叉特点，如社会工作机构的政策和实践受到相关立法、社会政策、经济和组织理论及社会心理学等不同程度的影响。在社会工作的发展中，一些学科的影响力可能已经下

① Pearsall and Hanks. Oxford Dictionary of English[Z]. Oxford, Oxford University Press, 2003.

② Howe D. An Introduction to Social Work Theory [M]. Aldershot, Berks: Wildwood House, 2007.

降，而其他学科的影响力却会逐步上升。当前社会工作理论受社会学理论的影响最大，其次是心理学理论。

然而，这些从各种学科来源借来的各种理论存在的问题之一是，它们难以组织成一个连贯一致的框架，很难在实践中被联系起来。对此，中国学者也已认识到，并认为其导致的一个直接结果就是“社会工作者在实践活动过程当中缺乏策略和理论，或者可以说，没有理论、策略，甚至按照计划就开展实务工作……实务工作者自身的这种随意性直接加剧了专业实践的破碎性；这种实践环节造成的破碎性也错误地引导了社会工作实践者和研究者对于理论的选择和运用，使得社会工作的专业特质无法体现，这更加剧了实践者今后工作的主观随意性”。[①] 此外，一些“借来的”理论倾向于基于意识形态的假设，如关于人和人的行为的西方或欧洲中心主义假设，这些假设并不适合于所有社会文化背景下的社会工作价值观基础。[②] 因此，强调反压迫和反歧视的做法可以被看作对付这些意识形态偏见和假设的尝试。

基于理论性知识，在社会工作实务中，一线社会工作者需要建立一个关于人、情境和事件的知识体系，以便理解他们的生活并理解他人。这种知识高于一般的经验，它是一个人所拥有的一套用于理解和解释世界的知识，可以帮助个体预测并获得对事件的一定程度的控制。

2. 用于分析社会工作作用、任务和目的的理论

这些涉及社会工作作用、任务和目的等基本问题的理论性知识，比如，社会工作应该是改革式的活动还是革命式的活动，应该是理性技术活动还是实践道德活动[③]，这样一些高屋建瓴地对社会工作作用、任务和目

① 文军，何威. 从“反理论”到理论自觉：重构社会工作理论与实践的关系[J]. 社会科学，2014(7).

② Robinson L. Psychology for Social Workers: Black Perspective[M]. London: Routledge, 1995.

③ Parton N. Some thoughts on the relationship between theory and practice in and for social work[J]. British Journal of Social Work, 2000, 30(4).

的的分析和阐释，目前已经在许多方面进行了概念化，如大卫·豪（D. Howe）从关怀、治愈、控制三个关键性概念对社会工作作用的概括。① 这种概念化使我们能够确定近年来在社会工作领域中所发生的观念转变，从护理和治疗的概念转向涉及监督、调查和控制的观念转变，这也影响着社会工作服务领域的分布以及资源分配的倾向等。

3. 与一线实践直接相关的理论

本部分由社会工作者和相关合作的人员一起在实践中创造与使用，更多的是社会工作者在长期的专业实践中形成的具有自身实践特色的一系列知识，如评估的理论、技巧和方法，以案主为中心，以任务为中心，心理社会方法，焦点短期模式，增能理论优势视角等。但是，对本部分理论性知识的认定，也充满了争议，因为学术界和一线社会工作者在交流与实践直接相关的理论的时候，会使用不同的语言或者同样的语言表述不同的内容。例如，社会工作的专业知识会在一系列不同的环境中使用，如在与个人、团队、家庭、社区或社会组织的服务领域。在这些不同的服务领域中，有的称其为干预方法②，有的则称其为实践方法。③ 在我国实践过程中，我们常称之为“理论”“模式”或“理论模式”。由于缺乏明确的界定，导致本部分知识的交流和传播都充满了问题。特里维西克（P. Trevithick）将这部分理论性知识称之为“实践理论”，以描述一个连贯的理论体系和一种概念性语言，试图解释并介入改变行为的某些方面或特定的事件过程。在社会工作服务过程中，这些理论经常以组合方式使用。④

① Howe D. Modernity, post modernity and social work[J]. British Journal of Social Work, 1994, 24(5).

② Thompson N. Understanding Social Work: Preparing for Practice [M]. Basingstoke: Palgrave, 2000.

③ Chenoweth L, McAuliffe D. The Road to social work and human service practice: An introductory text[M]. Southbank Victoria: Thomson Learning, 2005.

④ Trevithick P. Revisiting the knowledge base of social work: A framework for practice[J]. British Journal of Social Work, 2008, 38(6).

（二）事实性知识

社会工作中，这部分知识是根据事实来描述的，它涵盖了广阔的领域，很难以与社会工作相关的方式进行重要性排序。具体的知识内容包括：法律/立法的知识、社会政策的知识、机构政策、程序和制度的知识、与特定人群有关的信息知识、与具体的个人和社会问题有关的信息知识。这些基本的领域都各自具有鲜明的特征，但它们常常也以不同的方式重叠，并可能与第一部分关于理论知识相关联。用于描述事实性知识的一些常用术语，包括数据、统计数字、图表、记录、研究结果或证据等，即都是一些可以用某种方式去验证的“硬”事实。事实性知识又具体包括以下一些基本类别：

1. 法律/立法的知识。主要指对社会工作相关问题的法律法规的规定。它关涉社会工作的合法地位与授权。社会工作的开展受其法定授权的限制。在不同的国家，对社会工作的影响范围不同。这一类型的知识由三个方面组成。首先是组织性的，法律规定了社会工作服务以什么样的组织形式展开服务，比如要在法定社会服务机构中进行。其次是功能性的，法律决定了赋予社会工作哪些权利和义务。最后是程序性的，法律在很大程度上决定了社会工作问责制的性质和范围，既为个人用户服务，也为社区提供服务。

2. 社会政策的知识。这一类型的知识涉及社会的核心领域中的现行政策框架、组织架构与分工，如政府在住房、就业、社会保障、医疗保健、教育和个人社会服务等领域中的优先关注事项和公共资源的分配的方式等。

3. 机构政策、程序和制度的知识。它基于社会政策，但被转化为与条款特定章节相关的机构政策、程序和具体的制度，如具体机构的绩效指标、发展目标，以及与这些相关的结果测量等相关规定。

4. 与特定人群有关的信息。这些事实信息可以按照人们的阶级、种族、性别、年龄、健康程度、性取向、文化和宗教信仰等进行分类，它包括了不同群体可能经历的生活经历、发展机会与趋势、逆境脆弱性的总体情况以及他们在社会结构中的位置。

5. 与具体的个人和社会问题有关的信息。事实性知识的另一个重要类型是与具体的个人和社会相关的问题，如与毒品和酒精成瘾相关的问题、虐待儿童的问题、家庭暴力问题，以及由逆境、剥夺、不利处境长期影响所造成的问题。例如，统计指标显示的某些受虐待儿童的来源特征和性别比例等。正如事实需要理论支撑、理论需要以事实为基础，在社会工作领域中，这类事实信息只有在对其他研究成果和社会趋势进行解释和检验时，以及与其他形式的知识相联系时，才具有价值。

以上五种类型的事实性知识有重叠和交织，其中最重要的是由政府制定的法律法规和社会政策，这直接决定了社会工作实践开展的性质和方向，但是当前本部分提到的事实性知识在中国社会工作知识发展中获得的推动和发展都比较有限。

（三）实践性知识

在特里维西克的分类框架中，实践性知识是和理论性知识、事实性知识相并列的社会工作知识的第三种类型。他认为，这类知识的一个整体特征是从业者在服务过程中获得的具有个人体验性的知识和生活经历。通过它，理论性知识和事实性知识可以更有效地指导社会工作服务实践，“书本知识”可以被转换并变得与实践更加相关和更加可用。① 对于这类知识，不同的研究者会有不同的概括，比如美国研究者舍恩称其为“行动中的知识”②。很多时候，我们常常不知道我们是否已经获得了这种知识，直到我们尝试使用它并有意识地反思它，而这种行为本身又可以创造

① Trevithick P. Revisiting the knowledge base of social work: A framework for practice[J]. British Journal of Social Work, 2008, 38(6).

② Schon D. The reflective practitioner: How professionals think in action[M]. Aldershot, Arena, 1991.

更多新的实践性知识。

下面将结合对社会工作者实践性知识内涵的整体性阐释，进一步介绍特里维西克的分类框架中关于实践性知识的观点。

三、关于社会工作者实践性知识

（一）社会工作者实践性知识的基本内涵

在本书中，我们把社会工作者实践性知识（practical knowledge）界定为，社会工作者在动态复杂的专业实践场域中，通过体验和反思，建构生成的关于社会工作的认识。它不仅包括技术层面上社会工作者的操作性知识，也包括本体层面上对“社会工作是什么”等基本问题的实践性理解，以及价值观层面上的信念支持系统。它深受社会文化价值观影响，体现了行动的逻辑，反映了社会工作者的专业实践水平。

从这一界定中，可以看出，实践性知识包含了多种知识，既含有个体在从事服务实践时，对以前所掌握的书本知识的实践性理解，也含有个体在各种具体服务过程中根据情境与直觉而随机生成的知识。实践性知识衔接了书本知识和实践操作，可以将书本知识更有效地转换到实践中去。因此，实践知识的一个必要特征是实践者个人获得的生活经验或个人知识。

（二）社会工作者实践性知识与相关概念的辨析

1. 社会工作者实践性知识与实践智慧

实践智慧（phronesis）是指一种实践的知识或明智考虑的能力[①]，以观念的形式内在于人并作用于实践过程，其中既凝结着体现价值取向的德性，又包含关于世界与人自身的知识经验，两者同时又融合于人的现实能力。以成己与成物（成就自我与成就世界）为指向，实践智慧联结了对

---

① 姜美玲. 教师实践性知识研究[M]. 上海：华东师范大学出版社，2008.

世界的解释与对世界的变革，展现为“应当做什么”的价值关切与“应当如何做”的理性追问的统一。与很多其他专业不同，社会工作实践要求一种实践道德契约（practical moral engagement），它是基于价值判断的实务而不仅是一种技术理性的实务。社会工作者必须依赖他们的价值取向判断如何去做，因此，发展和推进实践智慧就成了社会工作专业实践的本质特性。[①] 它在赋予智慧以实践品格的同时，又使实践获得了智慧的内涵。“实践智慧不只是对普遍东西的知识，它更应当通晓具体实务，因为它本质是实践，而实践就是要处理具体事情”。[②] 社会工作实践智慧是社会工作者个体在长期实践中，依据服务对象与问题，所形成的关于“是什么”和“为什么”的理解与行动，它蕴含了个体对现实世界的理解和反思，也含有对服务对象的价值关切和行动服务。实践智慧本质上是一个哲学概念，具有很强的统领性和兼容性，既包含诸如智力、能力、机智等下位概念，也有与真、善、美相关的上位境界，与人生高度契合，相伴相随。[③] 社会工作者实践性知识和实践智慧都具有个体特性，实践性知识是实践智慧的基础，实践智慧是实践性知识的升华。

2. 社会工作者实践性知识和实务经验

经验，既包括人受情境影响而产生的“亲身经历”（undergo），也包括情境受人能动影响而产生的“真抓实干”（do）。[④] 经验，既是来源于对实践的认知，也是被实践验证的认知，是集“知”与“行”的有机结合。[⑤] 因此，经验是在实际的社会生活过程中，通过实际践行某些活动而获得并受之后的实践活动验证且持续影响实践活动的认识和技巧。它的主要特征是行为主体的个人化，具有明显的个体体验性，每个人的实践经验因多种

① William C K, Chu, Ming-sum Tsu. The nature of practice wisdom in social work revisited [J]. International social work, 2008, 51(1).
② 杨国荣. 论实践智慧[J]. 中国社会科学，2012(4).
③ 姜美玲. 教师实践性知识研究[M]. 上海：华东师范大学出版社. 2008.
④ [美] 约翰·杜威. 艺术即经验[M]. 高建平，译. 北京：商务印书馆，2010.
⑤ 刘文祥. 杜威的经验概念研究[D]. 长春：吉林大学，2013.

因素而有所不同，因此，可以说实践经验是个人主观认识、生活感受、生活体验、行为过程和生命历程的一种总体性状态。[①] 它直接来源于个体的行动，包括个体在行动过程中的观察、思考和学习。

相比较而言，实践性知识是经验的积累和再反思。恰如有研究者在界定教师的实践性知识时所强调的：教师的实践性知识是指教师通过对自己教育教学经验的反思和提炼所形成的对教育教学的认识；是教师对其教育教学经历进行自我解释而形成经验，并继而上升到反思层次，形成具有一般性指导作用的价值信念，它实际指导教师个体形成惯例性教育教学行为。[②] 因此，实践性知识更多的是一种信念和认识，它无法被语言直接传授，必须有个体亲历有关的经验。[③] 它的来源可能更加多元化，它可以借助直接性的实践性经验，也可能是间接性的发现和顿悟，它具有一定的概括性，相对比较抽象。而经验则相对比较具象，更像是一种经历。

3. 社会工作者实践性知识与本土知识

社会工作本土知识，主要是相对西方移植而来的社会工作知识而言，它的构成主要包括两个部分：社会工作本土化知识与社会工作本土建构的知识。社会工作本土化知识是源于西方的社会工作知识，“中体西用”，经过改造而适合中国本土背景的知识，其源头与主题仍是西方的社会工作知识，但经过了内容的微调、修饰与再建构。社会工作本土建构的知识，是社会工作在发生发展的过程中，以本土行动为源头，选择独特的本土问题和现象为研究对象；从本土视角强调本土现象内生的、独特的特质；采用针对本土情境的方法构建本土理念；用本土理论替代西方理论对

---

① 刘继同. 社会工作“实务理论”概念框架、类型层次与结构性特征[J]. 社会科学研究，2012(4).

② 曲铁华，李虹. 基于教师实践性知识生成机制的教师教育课程实施改革策略[J]. 四川师范大学学报(社会科学版)，2018(2).

③ 陈向明. 搭建实践与理论之桥——教师实践性知识研究[M]. 北京：教育科学出版社，2011.

本土现象进行解释，或者整合现有理论构建文化整合性框架，它的主题源于实践，切合现实需求，且在和西方社会工作知识对话的过程中不断互动而更加适应中国的文化背景。社会工作实践性知识是知识本土化过程中经过修改的部分知识，也是社会工作本土建构知识中的主体内容。相对而言，社会工作本土知识内涵大于实践性知识，它不仅来源于实践，也来源于理论；本土知识是对实践性知识的理性分析与再提升。

（三）社会工作者实践性知识的获取与创生

根据特里维西克观点①，社会工作者实践性知识的获取，有其特定的方式。而且，社会工作者在实务过程中，也可以创造新的实践性知识。

1. 实践性知识的获取

社会工作领域中，社会工作者获得的专业知识必须与服务情境相关，而且能够应用于不同的服务情境。在特里维西克看来，对于实践性知识，我们事实上经常是无法可靠地知道我们获得了此类知识，直到我们尝试在实践中应用这些知识。布鲁迪（H. S. Broudy）等提出了几种知识获得的方式，比如，通过教学、在问题解决中的发现学习等。② 以对书本知识复制为重点的教学可能会让学生获得一系列有用的事实，这些事实也可能是对生活和思想不可或缺的，然而，对书本知识的过度复制可能会导致所学知识仅仅停留在抽象的理论层面上，在实践中无法被灵活应用，甚至会变得无意义。

近年来，在社会工作领域中，对于知识的获取，已逐渐从说教式和“粉笔”式课堂学习向基于问题和探究行动的发现学习模式转变。这包括强调知识获取和使用的过程与方法，这些方式更有利于实践性知识的获得，而这些知识是能够提升社会工作者在实务过程中用于指导服务决策的认

① Trevithick P. Revisiting the knowledge base of social work: A framework for practice[J]. British Journal of Social Work, 2008, 38(6).

② Broudy H S, Smith B O, Burnett J R. Democracy and excellence in American secondary education: A study in curriculum theory[M]. New York: Krieger Publishers, 1978.

知或推理过程的。[①]

2. 实践性知识的创生

社会工作者不仅可以获得实践性知识，还可以根据他们的实践经验创造和生成新知识，但我们对日常社会工作中使用的理论和概念知之甚少。这其中的部分原因在于，社会工作实践“还没有被定义为一个研究场所”，[②]以及实践性知识的创生经常是和对其的使用相关联。事实上，将知识和技能与实践环境联系起来，然后对我们遇到的实践情况和我们获得的经验进行理论化，在理论和实践之间不断对话，每位社会工作者都可以创造出实践性知识。通过这种方式创生出来的实践性知识，是从个人和专业经验中得出的知识，这些知识是在特定的社会工作服务实践情境下构成有效行为的重要因素。[③] 实践性知识的创生涉及几个相对独立的来源：通过在社会生活过程中与他人互动而获得的日常生活的知识、从社会科学获得的知识，特别是相关研究发现和想法，以及从社会工作实践中获得的经验知识。[④] 有些研究者也把实践性知识称为工艺知识，即通过实验、解决问题和实践活动而获得的专业知识。[⑤]

总之，知识因需要被分为各种不同的形式、不同的层面、不同的维度，但是无论知识如何分类，是具体的还是抽象的，基于行动或直觉的，相互之间并不冲突而是需要被看作彼此的补充。在本书中，我们侧重于探索社会工作者在一线中所具有的实践性知识。因研究者的概念表述不同，

---

① Sheppard M, Newstead S, DiCaccavo A, et al. Comparative hypothesis assessment and quasi triangulation as process knowledge: Assessment strategies in social work practice[J]. British Journal of Social Work, 2001, 31(6).

② Preston-Shoot M. Evidence, the final frontier? Star Trek, groupwork and the mission of change[J]. Groupwork, 2004, 14(3).

③ Stepney P. The theory to practice debate revisited[C]. In Stepney P. and Ford D. (eds), Social Work Models, Methods and Theories. Lyme Regis, Russell House, 2000.

④ Sheppard M. Social work, social science and practice wisdom[J]. British Journal of Social Work, 1995, 25(3).

⑤ Eraut M. Developing professional knowledge and competence[M]. London: Falmer Press, 1994.

实践性知识也常被称为过程知识[①]、工艺知识[②]、行动知识[③]，等等。

第四节　社会工作者实践性知识研究的意义

把社会工作者的实践性知识作为一个独立的论题展开研究，具有多方面的意义。比如，有助于转变一线社会工作者仅仅作为实务操作者的形象，提升他们在社会工作知识创生中的地位；有助于搭建理论与实践之间的桥梁，使社会工作的理论研究者与实务工作者之间有更多的对话和交流；有助于开拓社会工作研究的新论域，增加研究的实践关照意识，等等。而其中对我国社会工作发展最有整体性的意义，则是有助于深化我国社会工作的本土化研究，推进我国社会工作的知识生产方式从本土化走向本土建构，提升我国社会工作知识的自主建构水平。本部分，将从实践性知识研究对我国社会工作发展具有整体性意义的角度展开。

一、实践性知识研究为社会工作本土化提供了落脚点

（一）社会工作本土化的两种理解方式

社会工作从西方移植而来，自其开始就面临着社会工作本土化的现实问题。但是何谓社会工作的本土化？在已有研究中，由于不同研究者对“本土化”三个字的关注点不同，而体现出两种相对不同的理解方式，这两种不同的理解方式也影响着研究问题域的划定和研究的基本路向。

---

① Sheppard M, Newstead S, DiCaccavo A, et al. Comparative hypothesis assessment and quasi triangulation as process knowledge: Assessment strategies in social work practice[J]. British Journal of Social Work, 2001, 31(6).

② Eraut M. Developing professional knowledge and competence[M]. London: Falmer Press, 1994.

③ Osmond J. The knowledge spectrum: A framework for teaching knowledge and its use in social work practice[J]. British Journal of Social Work, 2005, 35(6).

第一种方式把理解的关注点放在了“化”字上，强调社会工作本土化的过程性，即外来社会工作的价值理念和知识体系融入中国本土而发挥作用的过程。在这一理解方式下，又可大致概括出三种略有差异的具体观点，即“结合论”“适应论”和“双过程论”。

“结合论”的基本观点主张本土化是“将社会工作功能和教育与某个国家的文化、经济和社会现实结合起来的过程”。[①] 对中国而言，则是将“西化”的社会工作教育方法和中国本土特殊环境相结合，把这种互动过程看作本土化的一种明智选择。[②] 但这具体是一个怎样的结合过程，并没有说清楚。

“适应论”则强调外来的社会工作理论在适应本土的过程中，对本土主体性的重视，要站在本土的立场上提出问题和分析问题。[③]

“双过程论”则涵盖了社会工作外来经验适应本土文化的过程，和本土社会工作经验向专业化方向发展的过程[④]，在这一观点下本土性社会工作[⑤]，或本土社会工作实践[⑥]、本土非专业社会工作[⑦]，成为一个重要研究话题。

第二种方式把理解的关注点放在了“本土”两个字上，凸显社会工作本土化的空间性和结构性。就中国而言，在地域空间上存在着不同地区之间的经济、文化差异，在文化结构上存在着精英文化、老百姓的日常生活文化、市场经济的消费文化等不同类型，因此本土本身不是一个单一固定的抽象概念，而是一个丰富多元、有着结构性差异的现实场域[⑧]，所以

① Resnick R P. Conscientization: An indigenous approach to international social work[J]. International social work, 1996, 19(1).

② 陈友华，苗国，彭裕. 中国社会工作发展及其面临的体制性难题[J]. 思想战线，2012(3).

③ 王思斌. 中国社会的求—助关系——制度与文化的视角[J]. 社会学研究，2001(4).

④ 顾东辉. 中国社会工作实践的本土导向[R]//中国社会工作协会. 中国社会工作发展报告(1988—2008). 北京：社会科学文献出版社，2009.

⑤ 王思斌. 试论我国社会工作的本土化[J]. 浙江学刊，2001(2).

⑥ 王思斌. 中国本土社会工作实践片论[J]. 江苏社会科学，2011(1).

⑦ 李迎生. 构建本土化的社会工作理论及其路径[J]. 社会科学，2008(5).

⑧ 殷妙仲. 专业、科学、本土化：中国社会工作十年的三个迷思[J]. 社会科学，2011(2).

从这一角度看，中国社会的本土化是一个多层次的复杂过程，需要考虑中国地区经济与文化发展的多元性与差异性。

（二）社会工作本土化的四种路径

如何实现社会工作在中国的本土化？梳理已有的相关研究，大致体现出了四重研究理路，即分别从文化价值观、社会结构与制度安排、行为结构、具体实务方法四个层面来剖析东西方之间的差异，以及在此基础上的中国社会工作本土化的可能性路径。

社会工作本土化是一个文化关涉性过程[①]，因此，不少相关研究都主动从文化价值观的层面上来论证自西方输入而来的社会工作知识框架在中国实现本土化的可能性。此类研究，一方面，从传统文化的角度，对东西两种文化价值观传统展开多侧面比较，力图找出基本的共通性和差异性，如东西方对爱的理解、基督教伦理和儒家伦理、人道主义和社会福利思想的比较；[②]另一方面，则力图发掘本土思想资源在重构社会工作知识框架中的可能性贡献，它所追求的目标不仅仅是西方社会工作知识框架在中国落地生根，更是以中国的本土思想资源贡献社会工作的知识库存，为全球学术共同体和社会工作实践提供智识支持。[③]

从社会结构和制度安排的层面，相关研究者分析了中西社会之间的结构性差异、在制度和体制上的差异，以及这些差异对中国社会工作本土化所带来的挑战和应对思路。在社会结构性上，除中国社会的差序格局和熟人社会的性质对社会工作本土化的影响一再被提及外，西方社会的“个人-社会”结构模式和中国社会的“个人-家庭-社会”结构模式之间的差异，也被引入进来，作为社会工作本土化的分析视角。[④] 而在制度安排

① Mel Gray. Indigenization in a globalizing world: A response to Yunong and Xiong. International Social Work, 2008, 51(1).

② 徐亚丽. 社会工作伦理本土化[D]. 济南：山东理工大学，2011.

③ 何雪松. 重构社会工作的知识框架：本土思想资源的可能贡献[J]. 社会科学，2009(7).

④ 田毅鹏，刘杰. 中西社会结构之“异”与社会工作的本土化[J]. 社会科学，2008(5).

上，则探讨了计划经济体制下的行政性、半专业化的社会工作在向市场经济体制转变过程中的结构性变化，提出要有效利用制度资源与组织载体，[①]通过嵌入和抽离等方式，促进社会工作本土化进程。[②]

从行为结构层面，相关研究者分析了中国社会特有的求—助行为结构及其背后的制度、文化动因[③]，尝试引入社会网络研究中的“关系”概念探寻中国人的人际交往特征，为从社会工作本土化寻求行为实践层面上的依据。[④]

此外，还有部分研究从社会工作的具体实务方法和工作领域展开对本土化问题的探讨，如对社会工作中的案主自决原则、小组工作方法等在中国社会工作实践运用中的分析，对我国农村社会工作本土化、学校社会工作本土化、社会工作机构本土化的讨论。这些研究或触及了实践操作层面，或有较深入的实证研究，都从某个侧面对中国社会工作本土化的具体发展提供了有益启示。

（三）实践性知识为社会工作本土化提供了新的落脚点

一方面，以上已有的这些相关研究，确实为中国社会工作本土化的发展提供了非常有价值的智识资源，廓清了本土化过程中的很多基础性问题。另一方面，我们也发现，在已有的研究中，忽视了社会工作本土化过程中非常重要的一个环节，即社会工作者的实践性知识。社会工作者的实践性知识，是作为受过专业教育或培训的社会工作者在其回应不同人群的专业实践中所建构生成的一种知识形态，它恰好处在具有西方文化价值涉入性的社工专业知识架构和具有本土文化境遇的社工专业现场之间的交汇处，恰好处在体现抽象化概括化的理论逻辑和体现情境化个体

① 吴建平. 制度资源与组织载体：社会工作本土化的理论思考[J]. 中国青年政治学院学报，2011(1).

② 马志强. 21世纪以来社会工作的本土化倾向[J]. 中州学刊，2010(1).

③ 王思斌. 中国社会的求—助关系——制度与文化的视角[J]. 社会学研究，2001(4).

④ 唐咏. 中国内地社会工作理论本土化研究[J]. 学术界，2009(2).

化的实践逻辑之间的交汇处。来自西方社会工作专业价值理念及建立在此基础上的具体实务方法，是否与中国的社会文化境遇有结构性冲突，如果有，这些冲突又有哪些具体表现，其过程如何；中国的传统思想资源是否对当前的社会工作有实质性影响，如果有，都有哪些影响，其机制是什么；来自西方的社会工作专业知识框架和中国已有的非专业性社会工作模式之间发生着怎么样的互构，其具体方式是什么，在这一互构过程中，是否有新的社会工作知识形态生成，等等，这一系列的问题都会落在生态化、情境化、复杂性、动态性的社会工作实践现场，都会在基于这种实践现场而生成的社会工作者的实践性知识中体现和折射出来。因此，推进中国社会工作的本土化进程，非常有必要关照社会工作者的实践性知识。

国内目前虽然还没有关于社会工作实践性知识方面的专门研究，但不少文献已彰显出对这一知识形态的关注趋势，对社会工作者实践性知识的需求成为时代任务。社会工作本土化研究中，对实践取向的强调，为社会工作者实践性知识的提出提供了启发。有学者指出，社会工作本土化凭借的不是书生论道，而是透过实践从具体操作和实际社会政治经济环境中，去筛选本土元素，建构相关的价值论述。[①] 本土化的策略之一是要注重现实生活文化，了解受助者的态度和生活方式。[②] 应把握本土的助人实践特色是什么，其内在机制是什么，体现了怎样的思维。[③] 而这些问题在社会工作者实践性知识中都会有不同程度的反映和体现。[④] 社会工作专业化研究中，对社会工作者专业提升困境的关注，使人们对实践性知识已有所意识。研究表明，社会工作者在培养或培训中所学的理论与

---

① 殷妙仲．专业、科学、本土化：中国社会工作十年的三个迷思[J]．社会科学，2011(2)．
② 王思斌．中国社会的求—助关系——制度与文化的视角[J]．社会学研究，2001(4)．
③ 何雪松．重构社会工作的知识框架：本土思想资源的可能贡献[J]．社会科学，2009(7)．
④ 安秋玲．实践性知识视角下的社会工作本土化建构[J]．华东师范大学学报(哲学社会科学版)，2013(6)．

实务知识经常“套不到”实践中[①]，常体验到所学与实践之间的各种冲突。[②] 这是因为社会工作知识基本上来自真实情境中的实践而非课堂上的灌输，来自对处境化了的社会生活实践的反思，而非教科书上的教条及其背诵，它本质上是一种默会性的实践知识。[③] 因此，有效提升社会工作者的专业化水平必然要关注其实践性知识。综上所述，可看出社会工作者实践性知识在国外已有较为深入研究，为我们提供了有益启发。我国亟待对这一知识形态展开研究。

二、实践性知识研究搭建了理论与实践之桥

社会工作者实践性知识研究，为我们理解和重构理论与实践之间的关系，提供了新的视角。在任何一个专业领域，选择一种研究视角很重要，它为研究者框定了一个特殊的“视域”，它决定了从某个立足点出发所能看到的一切，决定了哪些现象可能会进入研究者的视野，哪些现象可能会受到研究者的特别关注，并把这些现象从自在的世界中抽离出来，形成特定的问题域，进而在它们之间寻求某种因果性的关联。打一个通俗的比喻，这恰如在一间黑暗的屋子里提一盏灯，要照亮屋子里的满堆着的物品一样，我们提灯所站的位置，不仅决定了屋子里物品的哪个侧面会进入我们的视野，而且甚至决定了哪些物品将会进入我们的视野而成为我们观察的对象。在社会工作领域，实践性知识的研究，恰是这样一种有价值的视角，它为社会工作理论与实践之间的对话交流提供了良好的平台，搭建了理论与实践之间的桥梁。

首先，有助于建立专业共同体，拓展社会工作知识范畴。社会工作者

---

① 安秋玲．社会工作者实务认知与获得途径的访谈研究[J]．华东理工大学学报（社会科学版），2009(5)．

② 张洪英．社会工作教育及专业社会工作关系的透视[J]．中国青年政治学院学报，2007(1)．

③ 范明林，徐迎春．中国社会政策和社会工作研究：本土化和专业化[J]．社会，2007(2)．

是知识的创生者，而非仅仅是专业理论的接受者；西方社会工作知识向东方的传播也并非是单向的，东方同样应该而且可以为西方的社会工作知识体系提供借鉴。因此，在我国社会工作发展的过程中，积极引入实践性知识的视角，将有助于弥合专业理论与专业实践之间二元对立的鸿沟，有助于社会工作理论研究者与实践者之间形成对话交流的专业共同体，将有助于传统的行政性非专业社会工作者和当前力推的专业性社会工作者之间形成优势互补的专业共同体。这种专业共同体内部的各方对话，将为社会工作专业的稳定和发展提供广阔空间，进而有利于系统积累与提炼那些在中国当前的社会文化情境下，进行社会工作最有效的知识与方法。这种与本土社会工作者一起工作而积累和创生的实践性知识，将与专业理论知识相互促进，补充发展，成为社会工作知识体系中不可缺少的部分。这恰如有研究者所言的，“要在不同的本土文化基因中去取舍外来社会工作的文化价值基因，凭借的不是书生论道。相反，可能是透过实践中去尝试多元式的辩证，最后从具体操作和实际社会政治和经济环境中，去筛选本土和非本土价值有用的元素，建构一个相关的价值论述。”①

其次，有助于加强对社会工作本土实践现场的关注和研究。在动态性的社会工作实务现场中，活跃着传统文化的、政治意识形态的、体制制度的、市场经济消费文化的各种知识与价值观要素，它们共同构成了社会工作专业实践的文化生态环境，也决定着社会工作者实践性知识的构建。因此，通过分析社会工作者的实践性知识，可以透视中国本土的思想文化中的哪些要素在今天仍然是“活着”的，有影响力的，对社会工作真实地产生实实在在的影响，它们与引自西方的社会工作价值理念和知识框架之间又是何种关系，是以什么样的方式发生着相互作用的。这些要素又是如何与当今的政治意识形态、制度安排、市场经济消费文化等相互补充、

① 殷妙仲.专业、科学、本土化：中国社会工作十年的三个迷思[J].社会科学，2011(2).

抵牾、重构、共存，实质性地影响着当代中国人的“求—助”行为方式和思想方式，而这些元素又是和社会工作专业理论应用有着怎样的互动关系。对这些问题的研究和解答，需要理论与实践的共同努力，直接内在于理论与实践合作研究之中。

综上，我们认为实践性知识的研究有利于推动我国社会工作本土知识的发展。社会工作作为一种专业化职业的社会工作，已经在世界上150多个国家和地区发展起来了。而且，伴随着全球化浪潮的日趋高涨，这一源于西方社会中的工作实践模式及其背后的知识体系，正以越来越快、越来越深入的趋势传播到世界上其他国家。这一传播过程之所以能够得以发生，究其原因，与各国的社会发展需求有关，更与其背后的基本前提假设有关，即社会工作的实践模式及其背后的知识体系具有普遍适用性，具有统一认同的国际专业化标准。但是，我们认为，社会工作不仅关涉实践技术和操作性知识，更关涉这套技术和知识背后的社会文化价值观，这一具情境性、价值性和非普适性的因素。正如米奇利（J. Midgley, 1981）所指出的：“全世界社会工作的思想、理念、方法都借鉴于北美和欧洲的价值观体系（虽不是全部，但大部分都带有强烈的盎格鲁—萨克逊文化元素），用于培养专业社会工作者的教育内容几乎也都源于美国、英国和欧洲其他国家，而且培养社会工作者的教育者也都有着在北美或欧洲的学习和工作经历。总之，社会工作作为一种专业化组织化的职业，主要是建立在西方社会文化体制模式之上的。”[①]因此，在引进西方社会工作模式的同时，如何实现社会工作的本土化，使其与本国的社会文化相适宜，就成为一个关键性的问题。中国自20世纪80年代恢复社会工作重建，至今已有三十多年的时间。近几年随着政府重视和强调，社会工作更是赢来了一个良好的发展机遇期，但是由于东西方社会体制和文化

① Midgley J. Professional imperialism: Social work in the Third World [M]. London: Heinemann, 1981.

价值观的巨大差异，中国社会工作的发展仍面临着一系列挑战，探寻具有中国特色的社会工作知识体系及其资助发展就成为一个亟待解决的问题。实践性知识为本土知识的建构提供了扎实基础与源头活水。

第二章　研究过程和方法

研究者对社会工作者实践性知识的研究始于 2012 年。2012 年在对社会工作本土化关注的过程中，研究者逐渐意识到社会工作本土化的研究需扎根实践，去发现、总结和提炼那些在一线社会工作者实践中生成的且在使用的实践性知识。在这一研究过程中，研究者对上海市的社会工作本土化进行了实证研究，对不同社会工作服务领域内的一线社会工作者实践中的经验和策略进行了研究。研究资料来源于国内外的文献资料，以及研究者在一线社会工作者专业服务实践现场所收集到的各种实证性资料。经过 5 年左右的资料储备，以及之后的分析提炼，初步具备对社会工作者实践性知识进行研究的基础。

第一节 资料的收集

近些年来，实践性知识的研究，在国内的教育领域开展得如火如荼，但是在社会工作领域内却寥寥无几。以“实践性知识”为主题词在中国知网进行查阅，我们发现自 2010 年到 2018 年，共收录 865 篇；但是再加入关键词或主题词“社会工作”，仅可以查到 2 篇，且都为研究者本人所发表。为了能开拓这一研究领域，研究者对社会工作者实践性知识的研究，在国内外文献资料收集的基础上，更多地收集和整理了大量的实证调查资料。

一、资料的来源与基本构成

本研究所用实证调查资料，既包括一线社会工作者的日志、案例等文本资料，也包括研究者进行访谈的音频资料、现场观察的视频资料等。资料的获得方式较为多样，既有研究者根据研究设计所进行的观察、访谈获得的资料，也有研究者在课堂教学、参加会议和各类主题研讨中，敏感地觉察现场内容与本研究的相关性而随时进行录音所获得的资料。研究资料来源与主要内容如表 2－1 所示。

表 2－1 社会工作者实践性知识研究资料的来源与基本构成

来源	构 成	人次	转录字数（万）	时 间
访谈收集	对社会工作专业的本科生、研究生在实习的各阶段进行的半结构式访谈	30	2.5	2014.10—2018.1
	对一线医务社会工作者、禁毒社会工作者、老年社会工作者、社区社会工作者、青少年社会工作者进行的访谈	40	5.2	2015.3—2017.10

续　表

来源	构　　成	人次	转录字数（万）	时　间
文本收集	实习生的日志、周志、案例等	16	1.2	2017.10—2017.12
	社会工作者的案例报告、活动记录、工作反思等	92	20	2014.5—2018.3
随机记录	社会工作者课堂讨论、社会工作者实习会议、社会工作者督导沙龙、社会工作专业领域内的研讨会议等，对会议中的相关发言进行的记录等	11	3	2015.3—2017.12

二、资料获取的主要途径

在资料收集的过程中，研究者围绕着社会工作者实践性知识这一研究主题，基本上通过三种主要途径展开了相关实证资料的收集，为社会工作者实践性知识的研究奠定基础。

（一）直接的途径

通过深入一线服务现场的访谈、观察、文本收集等直接途径，有目的、有准备、系统性地获取研究的实证资料。

其中最主要的途径，是在研究过程中，通过有目的性的抽样，以半结构式访谈，直接获得一线社会工作者在长期工作中所积累的丰富的服务经验。在本部分资料收集过程中，选择的被调查对象主要是社会工作实务经验较为丰富、能够乐于表达的一线社会工作者。他们的一线社会工作服务时间均在5年之上。访谈既有一对一形式的深入访谈，也有小组形式的集体访谈，访谈时间基本上在45～120分钟。陈向明曾谈道，“访谈是一种研究性交谈，是研究者通过口头谈话的方式从被研究者那里收集第一手资料的一种研究方法”。[①] 通过访谈不仅可以了解研究对象的

① 陈向明.质的研究方法与社会科学研究[M].北京：教育科学出版社，2000.

生活经验和经历，对研究现象获得一个概论性的感知，而且可以从多角度对事件的过程进行比较深入、细致的描述。访谈可以分为三种类型：封闭型、开放型、半开放型。这三种类型也被称为“结构型”“无结构型”和“半结构型”。[①] 本研究主要采用半结构式访谈方法。研究者事先准备一个访谈提纲，根据自己的研究设计对访谈对象提出问题，访谈提纲在访谈过程中只是作为一个提示，访谈者在提问的同时，可以根据被访谈者回答问题的具体情况，对访谈的程序、内容进行灵活的调整，以更好地收集到信息。访谈的提纲主要是：

- 被访谈者的基本专业和一线服务时间、内容等方面的事实信息。
- 你在服务过程中最成功的案例是什么？请具体描述一下。
- 你在自己的岗位上收获的经验有哪些？请具体说明（或者如果请你带实习生，你会觉得你们在哪些方面有差异？你会把哪些方面传授给实习生）。
- 你在实践过程中有哪些自己的独特经验、思考和想法？

此外，为了收集在日常的服务工作过程中的社会工作者的点滴经验及其对自己的实践性知识的反思，本部分的资料也包括了文本形式的案例、日志、项目书等。其中案例的形式主要是个案案例报告、小组报告、社区项目报告，以及一线社会工作者的自我反思报告等。个案案例报告的基本格式包含个案背景、问题和优势评估、理论分析、服务过程、服务评估等；小组和社区项目案例报告的基本内容是项目实施背景、理论依据，活动设计、过程与评估等。案例报告的单篇字数一般在 6 000～8 000 字，主题涉及禁毒服务、青少年服务、社区服务、慰老服务等。日志主要是社会工作者对日常活动的记录，每篇字数在 200 字左右。自我反思是社会工作者在呈现多个案例后的经验思考或者聚焦服务的某一焦点进行的再认

① 陈向明. 质的研究方法与社会科学研究[M]. 北京：教育科学出版社，2000.

识和总结等。借助这些文本为基础，研究者可以更真实地了解一线社会工作者的实践性知识的表现与形成过程。

（二）间接的途径

该途径主要是研究者通过参加社会工作实务领域的各种形式的研讨会、实习总结会、督导会议，而展开的对与社会工作实践性知识相关的资料收集。但是这部分内容具有很强的偶然性，是研究者在当时的情境中，临时判断并且记录的知识，主要包括某一实务领域中实践性知识的总结、实践性知识的发展背景、实践性知识研究的意义、一线社会工作者的偶得，等等。例如，在上海某医务领域的全国会议中，有研究者在报告中提到的上海市医务社会工作在实践中总结提炼的发展模式；在某次学校的实习总结会上，实习生谈到的自己在实习过程中的实践收获等。

在本部分资料收集的过程中，收集的资料具有很强的偶然性、主观性和情境性。研究者把实践性知识的研究作为一个长期的过程，因此在各种专业情境中随时带着笔记和录音设备，抓住偶然获得资料的可能性。在研究过程中，收集到的与实践性知识相关的资料主要包括会议发言、论文片段等。由于会议发言的收集具有偶然性，研究者会在征得发言者同意的情况下进行录音或者录音后与发言者进行沟通。这些偶得的、零碎的记录给研究也带来社会工作实践性知识研究的相关支持和启发。

（三）比较的途径

比较的途径，主要是指在社会工作实践性知识与专业知识之间比较的过程中，去获取相关的研究资料。实践性知识源于一线实践，它和课堂所教的专业知识有着鲜明的对比，而对两者之间关系感受最深的社会工作专业实习生。本部分主要以实习生作为研究对象，借助实习生的身份把实践性知识和课堂所学的专业知识进行比较。

在本部分资料收集过程中，选择的被调查对象主要是四年内社会工作专业的实习生，以硕士研究生为主。通过访谈了解其在实习中对实践性知识与专业性知识之间异同的认识。为了更全面获得社会工作专业学生对实践性知识和专业知识关系的认识，研究者也通过问卷，采用句子完成的方式进行了调查。在访谈过程中，研究者的基本访谈提纲如下：

- 被访谈者的实习领域、时间与实习内容等事实信息。
- 实习中的收获有哪些？请具体描述。
- 在实习中是否用到了课堂知识？如有，是哪些？如没有，可能的原因有哪些？
- 如何认识课堂所学和实践所用之间的关系？

本部分资料也包含了实习生在实习过程中所进行的日志、周志、报告方面的记录，以及实习总结的发言等。一般实习生的每篇日志在 200 字左右，每篇周志在 300 字左右；实习总结时每人发言约 15 分钟。

（四）其他辅助途径

比如，通过对一线社会工作者的服务过程的录像视频来收集。视频记录了一线社会工作者服务的整个流程或某些环节片段，需要研究者运用一定的方法进行资料的整理和主题呈现。整个研究过程收集到约 18 个小时的实务视频。另一方面，也通过研究者所指导的研究生进行资料收集与研究，通过他们在一定时间对一线社会工作者进行追踪观察，记录其开展的项目与活动，然后研究者访谈研究生们对一线社会工作者实践性知识的认识和理解。

第二节　研究方法的选择与使用

在社会科学领域中一直存在定量研究和质性研究两种方法的差异。基于本研究过程中所要搜集的资料的性质，研究者使用的研究方法主要是质性研究方法取向[①]。在翻译的过程中，质性研究（qualitative research）[②]与定性研究、质的研究、质化研究是同义的，本文使用质性研究的概念。质性研究可以被定义为以研究者本人作为研究工具，在自然情境下，采用多种资料搜集方法（访谈、观察、实物分析），对研究现象进行深入的整体性探究，从原始资料中形成结论或构建理论，通过与研究对象互动，对其行为和意义建构获得解释性理解的一种活动。在质性研究中，不同的研究范式，其理论视角也不尽相同，后实证主义强调说明，解释主义聚焦解释，而批评理论侧重解放。不同研究路径对理论的要求也不同，扎根理论主要是从资料中生成理论，民族志是对文化习俗和价值观的深描，现象学是对心灵事实的本质呈现，叙事探究以口述史和生活史对个体生命史或关键事件进行探究；个案研究是一个有边界系统的探究，而话语分析则侧重对语言形式的分析。

一、方法的匹配

研究方法的选择必须要与所要研究的问题相匹配，而不是为了方法本身而选择方法。质性研究方法有利于研究者深入和整体地探索社会现象，对被研究者的惯常行动和思维，以及他们的主观经验进行意义阐释，重视研究对象的经历和经验的分享，追踪事情发生和发展的过程，并能够深入挖掘影响被研究者思维和行动的社会文化结构性因素。在质性研究过程中，研究者与被研究者深入互动，在不断互动与演化的过程中，研究者需要将自己前设先“悬置”起来，而不是带着自己的概念去验证。研究设计以及具体的研究问题需要随着研究对象以及研究背景的变化而不断地灵活调整。

本研究作为探索性研究（exploration research），贯穿始终的研究主

---

① 陈向明.质的研究方法与社会科学研究[M].北京：教育科学出版社，2000.
② 风笑天.定性研究概念与类型的探讨[J].社会科学辑刊，2017(3).

题是一线社会工作者的实践性知识，而本主题缺乏已有研究的成熟基础，因此对什么是实践性知识，实践性知识是如何形成与发展的，都需要研究者深入实地，按照特定的研究程序，采用合适的研究方法进行探究。对“是什么”“为什么”的探索，恰好是质性研究的特性所在，即质性研究的特点就是“比较适合在微观层面对个别事物进行细致、动态的描述和分析”。①

另外，从研究对象角度来看，本研究多采用的是有限的一线社会工作者进行调研(包括观察和访谈)，他们数量比较少，属于小样本，而质性研究方法并不要求样本数量非常多，只要能深入分析问题即可。

最后，本研究除了对一线社会工作者的实践性知识进行归纳外，更注重对知识内涵与生成机制的理解，从与他们的交谈中总结出实践知识的内容与生成，理解他们所处的文化背景对这一知识形态的形塑作用。这些结合了宏观背景，同时又深入到意义分析层面的研究主题，仅凭定量研究是不能够揭示其深层含义的，只有质性研究才能做到对现象的意义进行探究。总之，质性研究方法的特点与本研究的性质具有较好的契合性，因此倾向于使用质性研究方法。

二、具体方法的选择与资料分析

质性研究有多种不同的分类方式和分类标准，本文采用风笑天的观点，把实地研究或民族志、个案研究、扎根理论、文本分析、行动研究等看作最基本的质性研究方式。② 本研究主要采用了以下几种具体方法。

(一) 行动研究

行动研究(又名参与式研究)，是帮助人们解决真实情景中存在问题

---

① 陈向明.质的研究方法与社会科学研究[M].北京：教育科学出版社，2000.

② 风笑天.定性研究概念与类型的探讨[J].社会科学辑刊，2017(3).

的一种研究方法。美国社会心理学家勒温(K. Lewein)是行动研究早期的提出者,他认为行动研究是将科学研究者与实际工作者之智慧与能力结合起来以解决某一事实的一种方法。① 对于这一概念,学术界普遍认为,行动研究是一项合作事业、科学的决定与行动过程、自我反省探究的一种方式、行动的改善过程、有效解决问题的研究方法、反思研究等。② 勒温更加注重行动研究中研究者和实务工作者的合作过程,而美国教育学者考瑞(W. Corey)则更加注重研究者自己的行动过程。此外,澳大利亚学者卡尔(W. Carr)和凯米斯(S. Kemmis)认为行动研究的目的在于帮助实际工作者对实际工作获得更深的了解。③ 英国学者(J. Elliott)认为行动研究是针对社会情况进行行动并改善,整个过程包括四个阶段:预诊、计划、执行和反思。④ 阿尔特里克特(H. Altrichter)认为行动研究是基于实际问题解决的需要的一种研究方法。⑤《国际教育百科全书》中把行动研究定义为:"行动研究是由社会情境或教育情境的参与者,为提高所从事的社会或教育实践的理性认识,为加深对实践活动及其依赖的背景的理解所进行的反思研究。"⑥

国内学者也对行动研究做了相关界定,认为行动研究是一种提出计划并修改完善的研究,它解决实际问题并在这一过程中实现知识的建构。比如,陶文中从教育的角度认为行动研究是一种解决教育实践问题的研究方法。⑦ 周霞认为行动研究是由实践工作者和理论工作者共同合作并

---

① Lewin K. Action research and minority problems[J]. Journal of Social Issues, 1946(3).

② [瑞典] 胡森,[德] 波斯尔韦特. 国际教育百科全书(第一卷)[M]. 李维,等译. 贵阳: 贵州教育出版社,1990.

③ Carr W, Kemmis S. Becoming critical: Education, knowledge and action research[M]. London: Falmer, 1986.

④ Elliott J. Action research for educational change[M]. UK: Open University Press, 1991.

⑤ Altrichter H. Practitioners, higher education and government initiatives in the development of action research: The case of Austria[M]. London: Falmer, 1997.

⑥ [瑞典] 胡森,[德] 波斯尔韦特. 国际教育百科全书(第一卷)[M]. 李维,等译. 贵阳: 贵州教育出版社,1990.

⑦ 陶文中. 行动研究的基本理念[J]. 教育科学研究,1997(5).

修正完善行动过程的研究。① 陈向明认为行动研究中的研究与行动密不可分，建构知识的过程就是一个行动的过程，行动的过程也是一个检验知识的过程，行动的结果就代表了知识的检验。② 当前行动研究已在社会工作研究中越来越多的被采用。

在本研究中，我们采用行动研究法，并将行动研究看作一个集行动和研究于一体的研究方法。在研究过程中，研究者深入一线，和一线社会工作者、实习生一起分析和解决社会工作实务过程中的问题，并在行动的过程中，反思和总结一线社会工作者实践性知识。

（二）扎根理论

扎根理论产生于20世纪60年代后期，美国社会学家克勒哲(Claser)和斯奥士(Strauss)在《扎根理论的发现：质化研究的策略》一书中提供了有力的论证，使得质性研究本身作为一种可靠的方法论路径获得了合法性，而不仅是使用量化工具前的一个步骤。该研究方法通过归纳法从现象中提炼该领域的基本问题，从而逐渐创建和完善了相应的理论体系，强调对行动和过程的分析，大大提高了质性研究的信度和解释力。

使用扎根理论的基本思路为：第一，从经验数据中产生理论。遵循一切皆为数据的理念，对经验数据逐步深入分析。第二，在编码过程中保持理论的敏感性。如果研究者没有一定的理论敏感性，在编码过程中容易陷入困境。第三，不断比较。在经验数据和理论之间不断比较，而后依据数据和理论之间的相关性提炼类属关系。第四，理论抽样。研究者在收集、编码并分析数据的同时做理论抽样，以决定下一步应当收集或补充哪些数据，一直到数据达到理论饱和为止。

在使用扎根理论的过程中，需要对研究收集的数据资料进行编码。

---

① 周霞.行动研究：价值与反思[J].湖北民族学院学报(哲学社会科学版)，2005(4).

② 陈向明.什么是“行动研究”[J].教育研究与实验，1999(2).

编码分析主要分为三个阶段。阶段一是开放式编码,是对原始经验数据的概念化,研究者要以一种开放的心态,尽量悬置个人成见和研究定见,将所有资料按其自身所呈现的状态进行登录,这是一个将资料打散,赋予概念,再以新的方式重新组合起来的操作化过程。阶段二是轴心式编码,在开放式编码的基础上,分析概念、范畴之间的关系,最终得到类属。阶段三是选择式编码,在所有已经发现的概念类属中经过系统的分析后选择一个核心的类属,使分析不断集中到那些与核心类属有关的码号上,其主要任务包括:明确资料的故事线;对核心类属和范畴及其属性和维度进行描述;检验已建立的假设,填补需要补充或发展的范畴;挑选出核心类属;在核心类属和其他类属之间建立系统的联系。

（三）叙事研究

叙事研究(narrative inquiry)作为质性研究的一种方法,它通过研究对象的叙述,以故事的形式再现其生活史,研究者透过故事,梳理、统整、建构各项经验事件的性质或意义。[①] 叙事研究的理论依据来自现象学、解释学与叙事学。现象学具有明显的方法论的特征,即作为知识来源和检验标准的"本质直观",并对这种"直观"尽可能如实地加以文字描述,同时力求对"现象"做本质结构的真实洞察。解释学可以宽泛地定义为理解和解释"文本"意义的理论或哲学。解释学认为,"意义"是隐蔽的,寄寓在实有的现象中,只有通过"解释"现象,才能进一步"理解",使隐藏的意义显现出来,使不清楚的东西变得明晰。叙事学认为,世界上实际发生的一切事情在尚未被人采用语言表达出来之前,是按照"本来"的面目以"故事"的形式存在的。世上并不存在原原本本的客观事实,因为任何事实或现象都已经是经过描绘的,而不同的观察点和参考框架及描述语言就决定着一个事实或现象将以何种方式和面目呈现给我们。[②] 在叙事研究中

① 徐冰鸥.叙事研究方法述要[J].教育理论与实践,2005(8).
② 徐冰鸥.叙事研究方法述要[J].教育理论与实践,2005(8).

强调真实、聚焦与深度，在呈现现象的过程中，挖掘背后的意义，以激发读者深层次的共鸣。

实践性知识因其发生在特定的实践场域中，因此，对实践性知识的研究，特别强调参与到实际生活中去，在实际生活中去经历和体验，这与叙事研究所强调的进入现场收集资料的研究过程是一致的。另外，社会工作者实践性知识的内隐性、动态性等特征也与叙事研究所强调的“意义”非常契合。因此，将叙事研究运用于社会工作者实践性知识的研究中，是比较契合的，它便于我们更清晰地探究与理解社会工作者实践性知识的生成机制。

（四）文献法

虽然国内关于社会工作者实践性知识的文献较少，我们仍使用文献法对国内外的相关研究文献进行收集。文献法主要是指搜集、鉴别、整理文献，并通过对文献的研究形成对事实的科学认识的方法。在本研究过程中，我们首先对相关文献进行了收集和整理分析，主要包括“社会工作者”“实践性知识”，以及与社会工作者实务活动相关的重要概念，如“社会工作专业化”“社会工作本土化”“社会工作专业性”“社会工作者经验”“社会工作者实践智慧”，等等。通过查阅书籍、网络资料、期刊、杂志等，对所搜集到的文献进行整理和归纳。同时对相关的研究主题进行了文献检索，依据社会工作者实践性知识已有的研究路径，以及社会工作专业发展的现状等，形成本书在资料论述中的一些分析视角和补充材料，从多个角度丰富并深化本研究。

三、研究的伦理问题

本研究所探索的社会工作者实践性知识，主要研究问题聚焦在实践性知识，但是实践性知识是生成与存在于个体之中的。因此需要通过对一线社会工作者的研究来完成本课题任务。作为以人为研究对象的社会科学研究来说，本研究过程中严格遵循相应的研究伦理。具体包括如下几个方面。

1. 所有被访谈对象均获得其对本研究的知情同意，在被访谈者同意的基础上进行访谈和录音。一些重要的访谈信息转录后再次交付被访谈者核对和知晓。

2. 会议的录音来自大会的公开发言，有条件的发言记录在会议讲话结束后和主讲者进行了是否可以保留录音的意见沟通。

3. 所有访谈记录的信息，如涉及个人信息以及相关服务对象的线索信息，均进行了匿名化处理，在记录和使用中，严格保护被访谈者以及相关人员的隐私。本书中所涉及个体信息，均是已处理过的匿名信息。

4. 所有访谈者均有权随时退出研究过程，而不必承担任何的责任。所有的访谈者在这一过程中，均未收到任何物质报酬或来自外界的影响。

另外，社会工作者实践性知识，因具有一定的内隐性和默会性，在研究的过程中，受限于研究对象的服务领域、个人经验以及自我特点等因素，因此以研究者的视角来呈现实践性知识就具有一定的难度。如何保障研究具有一定的信度和效度，就成为本研究时刻在考虑的问题。

在保障材料分析的可信度方面，对材料的收集采用录音、转录以及核对等步骤；对材料的分析采用多名研究人员同时独立进行分析，如遇分析不一致的地方，研究人员通过集体讨论来确定编码与意义。在材料的收集过程中，对部分材料的转录之后发给被采访者进行核对，以保障忠实其表达。

就研究的效度而言，认识效度的标准是非常重要的，即作为表意式取向研究的效度标准与传统的科学研究取向相比，是有不同的，它不是通过统计学分析，而是通过多角度论证，来保证效度的。在本研究过程中，尽可能采用多个角度、多种方法对研究进行论证。例如，在案例采纳方面，尽量多个领域、多个角度来选取不同的案例，同时将案例与已有的文献进行呼应分析。

另外，围绕研究主题进行论述。在研究过程中，研究者根据研究材料提取研究主题，根据研究主题进行组织研究材料，保障研究材料和研究主题之间关系的自然呈现，聚焦研究主题进行论述，一定程度上保障研究的效度。

最后，在研究过程中，不强调结果的普遍推论，而是把结果放在情境脉络中进行呈现和分析。作为质性研究取向的研究，本研究不追求研究结论的普遍化，而是希望呈现具体情境下的研究结果，引起研究者的共鸣和思考。

第三章　社会工作者实践性知识的存在领域

社会工作者的实践性知识是社会工作者在一线的社会工作服务现场所积累和生成的一种知识形式，它具有明显的个体性，是与公共知识相对的个体性知识。与具有外在存在形态的公共性的书本知识相比，它主要寄寓于社会工作者个体内部的认知结构和价值观情感系统之中，并体现于他们的服务行动之中。基于此，我们把社会工作者实践性知识的存在领域划分为认知的、情感的、行动的三个方面。

第一节　认知领域中的实践性知识

很多时候，当社会工作者在服务案主时常常怀疑自己没有理论，或者感觉很难套用所学的理论，而在事后却常常发现在服务过程中“以为是自己原创，但其实书本上都有”的理论。这种感受一方面可以理解为，“或许我们已经是在按照书本上的理论在做了，只是我们还没有那么自觉的专业意识，或者专业理论并不是多么遥不可及”；另一方面也可以理解为：我们在实践中已经创生了自己对社会工作的一种认知，它是社会工作者对社会工作的朴素理解，契合实践但没有被及时提炼上升到理论的高度。本研究在访谈经验丰富的一线禁毒社会工作者时，访谈对象在回顾自己服务实践的过程时，更多地谈到因经验而带来的专业积累，首先体现在认知领域中，尤其是对专业的认知、对社会文化背景的认知，等等。

一、对专业的认知

受对社会工作知识是否是科学性知识的争论影响，社会工作是否具备专业性也一直是个存在争议的话题。但是社会工作自诞生以来，增进专业身份的认同和促进专业地位的提高也一直是社会工作发展的努力方向。在社会工作发展历史中，对社会工作专业化的界定有权力论、特质论等几种不同的取向。其中影响比较大的是特质论取向(attributes or traits)。根据特质论取向，社会工作是由一系列的内在本质属性和特征来界定其专业性并和其他职业相区分的。这些属性和特征的具体表述以美国学者格林伍德(E. Greenwood)提出的五要素论最有代表性：有系统的理论、专业权威、社会认可、伦理行为准则和行为文化。① 其后，一些研究者又加入了一些新的特质。例如，一套深奥的特定技能、一定时间的训练、行动的自主性、对服务的承诺、名望和报酬、与案主的信任关系等。②③ 当前，专业化也是我国现阶段社会工作发展的基

① Greenwood E. Attributes of profession[J]. Social work, 1957, 2(3).

② Hugman R. Professionalization in social work: the challenge of diversity[J]. International Social Work, 1996, 39(2).

③ Abbott A. Boundaries of social work or social work of boundaries[J]. Social Service Review, 1995, 69(4).

本方向和重心。[①]

在我们的访谈中，一线社会工作者也在实践中常常感受着社会工作的专业性，并不断提升着自己对社会工作专业性的认识，体验着社会工作的专业效能。

访谈对象(DY008)一直在从事一线社会工作的服务，尤其是长期开设同伴辅导小组，取得了很好的服务效果。在谈到自己开设小组活动时，她说：

第一，我觉得我很相信小组的功能，就是特别的相信，相信到有点崇拜的那种，坚定不移地相信，这已经成了我对专业的一种信念，我相信这种活动形式一定是管用的。我也接触了许多做小组活动的社会工作者，有些可能就是为了完成某次小组活动的任务，这是跟我最大的不同。你如果仅仅是为了完成活动任务而去做小组活动，没有对小组的爱，没有对小组活动成效的相信，那它就不会给你带来成功。

第二，我就觉得，在小组活动中，没有差的组员，只有差的带领者。真的，我这是发自内心的，我相信每一个组员都是有能力的人，每一个个体来到这边，都代表他有一些意愿在。小组活动是一种服务方法，与个案相比，它可以节约成本，而且有团体动力，可以得到一些与个案不一样的效果。因为有这样的“相信”，我的小组活动不需要外在的激励。比如，我的小组从来不发东西，没有小组活动结束后领瓶洗发水什么的，现在有些社会工作者把小组活动做成这样我是一直特别反对的。

可见，在长期的社会工作服务实践过程中，社会工作者逐渐形成了自

① 王壬，罗观翠. 我国社会工作专业化发展路径分析及对社会工作教育的启示——以专业化运动理论为视角[M]. //王思斌.《中国社会工作研究》(第九辑). 北京：社会科学文献出版社，2012.

己对专业的认知，如对社会工作的基本方法——小组工作的认知，对社会工作的服务对象的认知，对社会工作专业使命的认知。认知源于实践并指导实践，在这种明确而坚定的认知指导下，社会工作者对自己的服务实践又有着明确和特定的要求。例如在一次协助带小组活动的过程中，这位访谈对象就发现活动组织方的理念和她的理念有根本的冲突，于是她选择了坚持自己对小组活动的认知，并退出了这次协助带小组的活动。

“有一个社会工作服务机构，请我去协助一起做一个小组活动，那个活动也是我参与策划的。在活动的后半段，有一些比较深入的分享环节，到了我觉得将达到小组活动的实质性阶段的时候，这个机构的负责人突然说：“某某老师，这个环节不要做了。”我问：“为什么？”对方说：“你没看到他们再过一会就要回家烧饭了，没有心思了，这个环节对他们来说没什么意思的，太阳春白雪了。”当时，我真的气不打一处来，他怎么可以这样武断？这是一个很有仪式感的签名环节，我们之前设计了很好的不同的签名款式，那么重要的环节，他却突然说不要就不要了。后来结束了，我就说：“如果你是这样看待你的服务对象，那么你根本不配来做社会工作，你怎么就知道他们刚才要急着回去，回去烧饭、领孩子，你为什么那么不看好你的服务对象呢，那么不相信他们会很愿意投入这个活动呢？”后来我就离开了，我说：“以后你们的活动我就不参加了。”因为我觉得这不是技巧和能力的问题，而是一种理念的问题。然后我就离开了。

在本案例中，访谈对象已形成对小组活动已有规则的认同，同时也含有对社会工作服务对象的认识、对自我的定位等多个层面的认识。这样一种对专业性的认知，也体现在社会工作者的服务设计和实施过程中，恰如社会工作者(AC001)所讲：

对于社会工作者来说，要面对两类人，一是你的服务对象，二是你的业内同行。对于服务对象来讲，我觉得你没有必要让他知道社会工作者的专业性，你在提供服务的时候，你没有必要让他知道你的专业是什么，没有必要去讲这些，最终原则是可以去讲的，但是具体技巧没有必要和他去讲，只要让他知道我的服务可以解决你的问题，就可以了。就像你去饭店一样，点了一盘牛肉，对于顾客来讲，只要觉得好吃就可以，大厨不会和你讲他当中用了多少料，选的什么牛肉，什么火候，这个没必要让你知道，那么同样对于一个社会工作服务的受众来讲，对于这个案主来讲，你的服务的专业性就是能不能帮他解决问题。

对于业内同行来说，做得是不是够专业，做的活动里面有没有专业的东西才是最重要的。而这些东西，你自己要知道。举个例子，现在很多养老院都在做集体生日会，都是给老人过生日。那么给老人过生日很多养老院都是怎么做呢，都是吹蜡烛，切蛋糕，然后老人聚在一起表演表演节目就 OK 了。那么你作为一名社会工作者，怎么做出专业性来呢？对于老人来说，他只要开心就好。对于你来说，要考虑怎么从专业的角度，使老人获益更多。比如，我们在做这个活动的时候，可以融入更多的东西。我们是这样做的：先确定一个切入点，就是老人需要自我关怀，接着我们就请养老院的部分老人做小组工作，在这个过程中，让他们发现，他们需要什么样的关怀，到底怎么样关怀自己。然后我们就把他们发现的东西，带领他们一起总结形成一个自我关怀的一个模式。模式出来之后，我们再把这个模式运用到生日会当中，因为这个模式只是小组成员总结出来的，只有七八个人，我要扩大这个模式，让养老院里的老人都知道，那么我就把这个模式放到生日会当中。以自我关怀这一个模式加上生日会这个平台、载体，其实我要宣传的既是要让他们过生日，更是自我关怀的理念。这个才是专业性的社会工作者做出来和一般的人不一样的东西。

这个产品出来，其实社会工作服务也是一种产品嘛，让服务对象感觉参加这个活动很开心，除了过生日，还知道了怎么关怀自己。而且还让机构知道，我不是只开展简单的生日活动，如果仅仅是简单地开展生日活动，他就不要请你社工来了，找个人谁不会做生日活动啊。但是，我们这个模式是其他人员，如行政人员、护士、护理人员做不到的，他们没有这个意识，而我们有这个意识。那么对于机构来讲，对于机构里的外行人来讲，我要告诉他我们这个模式是什么样子的。而对于专业同行来讲，我就告诉他我是怎么样把这个专业理念融入进去的，我会把我专业的一套价值、一套方法和操作流程告诉他，这就体现出我们的专业性了。

可见，社会工作者在服务实践中可以体验到社会工作的专业性，也可以运用社会工作的专业性为服务对象提供专业服务，但是目前这种对专业性的认知，仍多存在于一些善于反思的资深社会工作者的脑海中，也没有形成系统的知识体系。文军、何威(2014)提到理论自觉的概念，并把理论自觉界定为社会工作实践认识的一种正确态度，以及社会工作者自我反思的理论品质，其本质上是要求把实践问题转化为理论问题①，提倡理论学习、理论反思和理论自觉性的培养。只有具备了理论自觉意识，同时实现理论和实践的协调发展，中国社会工作学科建设才能实现跳跃式发展，才能符合国际学科和研究发展的潮流。当前一线社会工作者或者忙于各种事务性工作的应付而无暇反思提升自己的实践性知识，或者因对自身定位的有限性而把理论创生看作高高在上的事情。但其实，理论源于实践，一线实践是理论创生最丰沃的土壤。

二、对社会文化背景的认知

中国社会工作的发展是在中国社会文化背景下展开的，尤其是社会

① 文军，何威. 从“反理论”到理论自觉：重构社会工作理论与实践的关系[J]. 社会科学，2014(7).

工作的理论基础和实务模式大多是从西方移植而来的,其在中国的发展更容易受到环境的影响。在一线的服务实践过程中,社会工作者能深刻地感受到这种环境的影响,并在这个过程中积累了许多关于环境(包括宏观环境和微观环境)的各种实践性知识。

(一) 对社会工作发展的宏观背景认知

中国社会工作的发展既有实践需求,更有宏观政策推动,其发展路径是政策先行,实务后行。宏观政策背景在中国社会工作发展过程中起着决定性作用。恰如社会工作者(AC001)所言:

社会工作的发展,尤其是专业性社会工作的发展,其实是受到很多方面因素影响的,包括宏观政策上的,体制机制上的,还有对社会问题不同解读方式上的,等等,很多因素。比如在一线服务中,你跟服务对象讲"你要靠自己的努力啊",但是他跟你讲,"很多富二代、官二代,他们不努力,就过得比我好,我努力有什么用啊"。那么你怎么回应啊,对于这样的问题,我们要有自己的思考。所以说,一个一流的社会工作者除了要懂社会工作,还要在宏观上有自己的思考。我个人觉得,如果一个社会工作者只懂社会工作专业内的东西,那还不够。专业内的知识还没有足够强大到让你的工作完全顺利开展的地步。医生他只要懂专业里的东西就可以了,律师也是这样。别人一般是不会质疑医生的,因为你也不懂,你也不知道怎么质疑他。但是社会工作者还要懂一些公共关系啊,公共管理什么的。所以我个人觉得,我大专读的是社工专业,后来我本科读的是工商管理专业,研究生读的公共管理,特别是我读了公共管理之后,我对一些社会问题,就有了更深入的解读。社会工作专业相对来讲视角是比较微观的,微观的话,你有时就只能关注到个人层面,对于社会造成的影响,很多社会工作者一般很怕去介入,但是读了公共管理学,你就知道我们为什么会出现入学难、就业难、就医难,其实很多是与政策相关的。还有就是为什么现在我们社工的发展遇到了瓶颈，这个也是和公共管理相关的。

还有一个很重要的就是2008年地震这个事情。地震这个事情客观上对社会工作发展有很大的推动作用。上海当时派了很多社会工作者到都江堰那边服务，我当时也去了。当时整个上海有几支队伍，复旦一支、华理一支、浦东社工协会一支，分别驻扎在几个点提供服务。在这个过程中，很多社会工作专业的东西就用上了，甚至在用的时候成效比在上海做得还要好。我们在交流的时候就觉得在那边做社会工作者很有感觉，在上海做社工反而没有感觉。为什么呢，我觉得这还是和社会环境有关，可能是外来和尚好念经，你没有什么负担，你可以和当地的政府交涉，你可以不同意他的想法，你可以去反抗。在上海，你不一定能反抗对吧。而且当时在那边的环境，社会秩序已经很混乱了，社区建设啊、人与人的沟通啊，正好那个环境给到社工一个很好的发挥空间。在上海呢，有些领域啊，比如说司法领域，社工发挥的空间是很小的。最重要的是当地的灾民对于社会工作者的接纳度很高，社会工作者这种被需要的感觉就很强。为什么现在很多社会工作者流失掉了，一方面是薪酬的原因，还有很大一部分原因是不知道这个做了到底是为了什么，是为了服务对象呢，还是为了政府呢。所以我们感觉社会工作者的成就感还是很多来自服务对象，有被需要的感觉，当时在四川我们是能够体会到的。上海这边可能有很多条条框框限制。

由上述访谈内容可看出，一线社会工作者在服务实践过程中，逐渐体验并意识到社会政策、文化背景在社会工作中的重要作用，并形成了对政策知识的认知。

（二）对社会工作实务微观技术的认知

微观的实务技术在社会工作的教科书中有很多，但在中国的社会文化生态背景下，一线的社会工作者对微观的实务技术又有哪些实践性的认识呢？在我们的访谈中，社会工作者(CC001－W)道出了他的体会：

跟服务对象建立信任关系很重要，我们的服务对象是志愿者团队，这些志愿者都是居委会挖掘出来的，所以说首先要跟社区的居委会建立信任关系。跟居委会的书记建立信任关系后，(如果)他们觉得你这个项目对他们是有帮助的，觉得你很好的，他们就有动力去申报这个项目，所以说要去深入居委会，了解他们的实际情况。这其实也是一个需求调研的过程。社区居委会的信息很全面，利用好了，对我们为服务对象提供服务会非常有帮助。

在建立关系方面，一线社会工作者认为他们在实务过程中，不仅要与直接服务对象建立关系，而且要花心思与直接服务对象所在的居委会尤其是居委会书记建立关系，可见，居委会在居民生活中的影响力较大。一个有威望的、有能力的居委会书记不仅会直接影响社区社会工作者与直接服务对象之间信任关系建立的速度与质量，而且在很大程度上还影响着服务需求精确与否、服务项目能否落地、服务效果是否得当等关键问题。从这个角度上讲，居委会和居委会书记是社会工作者建立关系过程中的关键环节。

在社会工作尤其是社区社会工作开展过程中，人员关系与管理关系往往会涉及区政府、街道、居委、居民等方方面面。购买方是社区社会工作的项目资金源，对接方或落地方是社区社会工作的间接服务对象和评估主体之一，服务对象(一般是居民)是社区社会工作的直接服务对象。在购买方、对接方(落地方)、服务对象面前，社区社会工作者的专业角色很容易被弱化。为尽可能确保社区社会工作者的服务专业性，一方面，社区社会工作者会秉持专业理念，以服务为先，“曲线救国。”比如，“尽可能找到一个双方都可妥协的点，大家各退一步，互相理解各自工作，互相支持。”另一方面，社区社会工作者会灵活调整服务方式，以需求为本，“张弛有度”。正如社会工作者(CC001-W)所言，“但凡服务人的工作，都不能太生搬硬套搞一刀切，做服务还是要灵活一点”。

第二节　价值观情感领域中的实践性知识

社会工作的价值伦理是社会工作的核心和灵魂，是社会工作区别于其他专业的重要维度。没有价值伦理的社会工作知识是苍白无力的。通过价值伦理，社会工作的人本关怀和社会责任才能真正得以充分地体现。当前在高校社会工作专业的教材中所教授的社会工作专业价值伦理体系的主要会涉及：人有获得资源以解决问题并发展潜能的权利；人的价值和尊严是与生俱来的；每一个人的独特性和个性都应该被尊重；人在适当的资源状况下，均有成长的能力并且改变。这些价值伦理主要源于西方文化，在中国文化背景中并不一定能被直接套用。在一线的服务实践过程中，社会工作者体验与积累起自己情感层面的实践性知识。

一、对社会工作价值观的理解

由于目前社会工作的整个知识体系主要源于西方，因此，在中国的社会工作服务实践中，中西方社会工作价值伦理的互动和交融已经成为一种常态，很多社会工作者都比较认同社会工作的价值伦理，同时也会在实践中根据具体社会文化情境作出灵活的调整和运用。

其实我还是最初的那种想法，一直觉得社会工作的价值理念还是很好的，我还是很认同的，不认同也不会坚持这么多年了。但是在实际工作当中，我觉得对于一些社会工作价值观，我们本土的社会工作者还是要考虑一些本土化的东西，就是不能把西方的那种所谓普适性的国际通用的社会工作价值观完全地照搬到我们的实际生活当中去。比方说，国际上它比较强调每个人平等啊，完全的尊重啊，但是在我们实际生活当中你会发现这个太难了，比方说患者，你不带有色眼镜去看他，或者是你完全地接纳他尊重他，有的时候反而就成了一种什么呢？有的时候反而成了一种动物一样的东西，因为现在的环境太复杂了。比如说医患纠纷里面可能就会有人指着你鼻子骂，他可能就是想讹钱或者什么的，你说你用那种优势视角看他，你真的是做不到。我是觉得有些东西跟人性很背离，可能这也是一线社会工作者需要去思考的一个地方，就是价值观的这种冲突，你怎么去处理，而且我们真的不能把西方的那种价值观的东西直接搬过来。（社会工作者 DY008）

上述访谈内容，较好地反映了一线社会工作者对社会工作价值与伦理的主动建构性，对于西方社会工作专业价值与伦理在中国的运用，能够形成自己的理解和认识，能够自觉意识到这种变通性的必要性和合理性。

二、对社会工作意义感的体验

社会工作价值观，是外在于社会工作者个体的行业规范，需要社会工作者在实践中不断地去内化和重构，而对社会工作意义感的体验，却是社会工作者的个人主观体验，这种主观的意义体验，也使社会工作者对社会工作有了更深入和更切身的认识和理解，从而构成了他们更具体验性和个人化实践性知识的重要组成部分。

我常常觉得，作为社会工作者，我们存在的最大意义，可能就是当我们的服务对象需要我们的时候。当然也不可能我一去他的问题就解决了，他就不难受了。但至少我可以让他们感觉到有人和他在一起，有人懂他，有人陪着他。他们心里真的是有感触的，他们能感受到你对他们是不是诚心诚意或者是怎么样的。我就觉得当我们真的获得他们内心的一些认同也好，一种喜欢或者喜爱也好，自己也会特有成就感，觉得做这个工作虽然辛苦，但很有意义，很有价值，很值得去做，而且那时候好像许多事情也会好做许多了。（社会工作者 DY008）

这种源于实践的体验，会进一步激发一线社会工作者对自己工作的投入，全身心的付出，并影响着他们对服务过程的基本理解。

我就觉得有时候，当你很想去做一件事情，很想把它做成的时候，你会非常投入，你的真心会感动老天的。我是一个很用心、很认真、很执着的人。我觉得社会工作助人自助，是很有意义很有价值的工作。对于这份工作，不说使命吧，太大了，我是有一种责任一种热情的，当有了这种情感，投入工作的时候，许多东西真的是跟学历什么没太大关系的，在工作过程中，自然而然就会有一些智慧出来，而且我们这样的努力，我们的服务对象也是会感知到的，他可能也被你打动了，那你的工作进程就是要快许多。更进一步，他慢慢地改变反过来又会激励到你。这个服务过程就成了一种共同成长。（社会工作者 DY008）

以上社会工作者的意义感体验，以及对工作的热情与投入，也会渐渐积淀成他们个人的一种内在信仰，成为他们自我的一部分：

对于这项工作，现在基本上偏于越来越喜欢，越来越认可，越来越觉得我就是属于它的，它就是属于我的。当然此前也有段时间很烦，很迷茫，我说我一定不要做社会工作者了，它根本不是我想做的东西，它根本不自由。我崇尚自由，我做社会工作者是因为我觉得它自由，但是现实却并不自由。但是后来当我离这行很远很远的时候，我发现我根本就没办法离开这行。我跟其他的行业打交道时，才发现，原来我的价值已经成了一个体系了，所以就又回来做这一行了。（社会工作者 HZT017，社会工作者 HZC020）

我觉得社会工作的价值观不仅体现在我们对案主的服务过程当中，而且还体现在我们生活的各个方面。它不仅有助于社会工作者处理跟案主的关系，而且也能帮助我们提升对生活的理解，让我们的家庭生活更加和谐。（社会工作者 CWT023）

第三节　行动过程中的实践性知识

实践性知识最终还要体现在行动的过程之中，尤其对中国社会工作发展而言，仍处在发展阶段，处在逐步被大众了解和接纳的阶段，能不能在我国社会治理中发挥其应有的作用，能不能为大众所认同，社会工作者的服务行动就成为一个关键的步骤。而我国一线的社会工作者也确实在自己的服务实践中，创生和积累了不少关于社会工作服务行动的实践性知识。

一、坚持行动

社会工作既是一门专业也是一份职业：作为一门专业，它有本科、研究生等不同的人才培养层次；作为一份职业，不少刚毕业的大学生可能要从最基础最基层处做起。在这个过程中，如何看待这份工作，如何在工作中发现价值，如何在看似简单、单调的事务中寻求发展的契机？有心的人总会在自己的坚持中，不断积累自己。

我是医务社会工作者，刚开始毕业的时候，主要做一些像资料整理之类的事务性工作，当时就觉得这好像不是我的分内事，这离我想象中的社会工作者工作太远。但后来，我渐渐明白了一个道理：无论多么简单的工作，都要用心坚持去做，在坚持做的过程中，你总会有收获的。因此，我调整了自己的认识和心态，先不要把专业出身的自己放在高大上的位子，先从一些力所能及的事情做起，从点滴做起，坚持下去，时间久了，就能发现专业能跟实际工作相结合的地方。

比如目前我这个行政性的事务工作，就拿看似最简单的一个整理资料来讲的话，在整理过程当中，实际上可以学到很多东西，比如说，我可以把整个门诊的医生名单呀，他擅长的诊疗项目啊，他的简历啊，我都有了了解。这就对社会工作者工作有帮助了，因为我可以跟他建立关系，而且这也是一个整合资源的过程，我知道了将来可能哪些医生会对我的工作有帮助。比如，我在整理的时候就发现，有几个人有心理咨询师证，有几个人对这个东西还蛮感兴趣的，对吧？所以任何工作都不会白费的。就是在我们这种事业单位里面，领导让你做啥你就做啥，用心去做，坚持下去，就会有收获。其实，任何事情都是社会工作。以前就觉得我一定要把社工的东西做起来，赶紧做，但现在就不急了，因为其实说白了有的时候你如果搞不清楚你所在医院的实际需求，你做了其实也白做，因为你没有对接到医院的需求。（社会工作者 HBR028）

二、灵活行动

在当前，我国专业性社会工作还处在发展阶段，有时候基层的行政性社会工作，还没有与专业性社会工作较好地融合在一起。那么，作为一名专业的社会工作者，如何发挥自己的实践智慧，灵活处理和应对自己的工作？比如，一位社区社会工作者就悟出了其中的道理：

与街道、居委等合作，有时他们会让我们社会工作者去写一些总结之类的东西，那写就写呗。写的过程中，我就要看他们以前的东西啊，我看他们到底做了什么，我从他们的工作里面去了解他们，然后把我社工专业的理念放到他的文件里面去，这算是一种植入。另外一个就是，能不能真的从他的材料里面看出东西，还有就是能不能从这个街道所做的这些服务中，结合他们的这个事情，提炼出一个有理念的东西来，也是很锻炼人的。

我写的这东西他们会看的，看了之后，如果觉得这个写得蛮好的，而且梳理的这几点也挺好，这其实也是我在用专业去慢慢影响他们。就是说，同样一个事情你是瞎做也做了，你灵活变通地去做也是做。如果反正好歹这事儿你跑不了了，总得写，那你不如想想怎么把自己专业的东西放进去。当然我不鼓励大家去帮他们写什么东西，因为这总结毕竟是他们的任务。但如果说这个事情跑不了，一定要写，你拒绝的话，明年合作就可能没戏，而我还希望合作，那可能我们就要灵活处理。就像刚才讲的，你要我写，你得给我看你们的资料呀，完了之后我把我的这个专业理念放进去，我来引导你们呐，明年就继续可以这样做，比如说明年我们打算怎么怎么样，然后你之前做的工作我也帮你梳理出来，我从专业的角度去讲如何看待这个事情，问题出在哪里，等等。那其实这个东西就蛮好的。(社会工作者 CZB013)①

在社区社会工作的服务过程中，有些项目所在的基层行政组织经常会提出希望社区社会工作者帮忙写总结、写材料的要求。“这种事情确实不应该是我们社工做的，可能有些我也会合理地拒绝，我们应该去做一些更有专业分量，同时对他们更有价值的事儿，但是这种拒绝真的很不容

① 温菁．上海市社区社会工作者实务经验研究[D]．上海：华东师范大学，2018．

易、真的很不容易。”受访对象用两个“真的很不容易”描述合理拒绝不合理要求的工作难度，可见社区社会工作者在实务过程中拒绝提供“帮忙”的概率并不高。实际更加可行、比较满意的做法正如社会工作者“CZB”所说，即在写材料的同时，结合项目落地方的实际情况、实际问题，把社会工作服务的专业理念植入其中，进而通过这种迂回的方式，灵活行动，最终保障社会工作服务的正常进行。

三、个性化行动

作为专业的社会工作，有其明确的专业伦理规范和守则，但这些普适性的规范和守则，在不同的社会工作者那里，会有不同的把握尺度和理解方式，尤其是在中国社会文化背景下，一线的社会工作者在面对不同的服务对象时，更可能会产生具有个性化的行动，并能对自己的个性化行为找到合理的知识辩护。

有一些对于一线社会工作者必须要遵守的东西，可能在我这边会比较宽松，比如我们和服务对象有时会一起吃饭啊，互送小礼物啊。有时候受邀参加一场具有特殊仪式感的活动，比如生日晚会啦。在这个过程中，和他所建立起来的信任关系，可能会超过三次五次，甚至是十次的正式谈话活动。其实，在这个过程中，他所解读出来的东西跟我们一般的解读不一样。他会觉得这个社会工作者很看得起他，可能他不会用平等尊重这样的专业术语，但他会觉得“哦，我邀请你，你就来了。原来我对你也是重要的，我在你的工作中，在你的生命中、生活中也是一个重要的人，你很把我放在心上，你很看得起我”。

其实像这样的问题一直是大家争议的，我的看法其实还是有一点不一样，对于这样的问题，要看我们如何智慧地处理。比如我们机构可以设限，像服务对象送你的礼物，最好是手工制作的，或者一般价格不超过多少。人家很真心诚意地送你，如果你不接受，人家会怎么解读呢？他不会说“你是一个好社会工作者，你是那么的遵守你们的规章制度”，一般都不会这样想，他就觉得你也蛮装的。如果是这样，那我服务过程中的那份真心也没有被对方所理解。

其实，中国人还是比较讲“情”的，我认识的一些社工朋友，其实他们和服务对象都有一些私下交往，就礼尚往来这样。我一直会做的一件事情就是，会记住许多服务对象的生日，他在这个生日，我一般都会有一个问候，有一些小礼物，只是这份礼物，不让他觉得很烫手。（社会工作者DY008）

中国特定的人际关系，对“情”的看重，使一线社会工作者对于和服务对象之间的“专业关系”有了更加实践性的表达，生成了更个性化的行动技巧。这种实践性的表达和行动技巧，不是“守住边界”，守住书本上规定的社会工作服务的准则，而是“紧密联结”，联结社会工作者和服务对象之间较为紧密的关系。这种紧密的关系表面上是体现在礼物交换的过程中，而实质上是反映出一种信任关系的建立。这被一线社会工作者看成是有效服务展开的重要前提。

四、积极行动

在服务实践中，一线社会工作者也充分认识到积极行动的力量，自己积极、真心的付出，会让服务对象感受到，从而大大提升服务的效果。恰如下面一位禁毒社会工作者（DY008）所提到的案例：

在我做个案的过程中，有些人很不赞同我下班以后还接服务对象各种不同的电话，甚至还会晚上去见那些来求助的服务对象，包括去服务对象家里。反正我也不评判自己对与不对，只是那时候我的心告诉我，我有必要那么去做。其中有两件事我记得很清楚。

第一件事是关于我的一个服务对象，一个男孩子。有吸毒史，其实我没见过他，都是通过热线的方式。他曾说想进一个自愿戒毒所，他爸爸妈妈不相信他，也不愿出这个钱，觉得浪费。然后我就给他的父母通电话、写信。我觉得通电话可以把意思讲得清楚一点，而写信，那种文字打动人的力量，可能比通电话更有力度。其实，对于吸毒来说，除吸毒者本人之外，他的家人，也是受害者，他们也需要去疏导，包括我们要去跟家人做一些戒毒知识和经验的传递，或者让家人看到有一个社会工作者和他们在一起。通过我的努力，我说动了他的父母付五万块钱，送他去自愿戒毒所，这对一个普通家庭来说真的是一笔很大的支出。但是，这个小孩在自愿戒毒所里面，情绪很不好。有一次半夜，他就逃出来了，想逃回家，但又不敢回家，觉得父母会要打死他，而且也觉得对不起我，因为是我好不容易给他争取到的戒毒机会，觉得半途而废这样逃回去也不行。所以在外面兜了一圈又想回去，但是却发现戒毒所的大门关了。没办法，就半夜打我的电话，我接了之后，了解了情况，就开始联系戒毒所的所长，还好，总算联系上了所长，后来他们就开门让他进去了。后面我又特地去看了他，我看他的那天是下班后，到那里已经很晚了，还送了他巧克力啊什么的，小孩子高兴得不得了，后面他康复得也蛮好的。像这一类事，如果他从自愿戒毒所逃出来的那天半夜，我的电话恰好是关机的，我真不敢想象会发生什么。

还有一次我印象也很深，那个服务对象是在自己家里戒毒的。那天晚上他的家人就给我打电话，说他吵着要出去，家里好像实在控制不住他了，家人希望我是否可以过去一下，因为他们觉得他很听我的话。虽然是晚上，交通也不方便，但是我呢仍屁颠屁颠地真去了，那天恰好是狂风暴雨。要过一个什么桥才能到地铁一号线。我到那个桥上，桥面那么大的风，就把我的伞吹走了，然后我就去追伞，场景蛮吓人的。接着我的手机就响了，是家人叮咛我要早点回家。哎哟！当时我就一个人在天桥上哗啦啦地掉眼泪。但即使是这样，我也没有说不去了。第一我觉得我是答应的，肯定要去的，第二我就觉得他现在那种情况，肯定是家里人不到万不得已的情况，才打这个电话的。后来到了他家，看到了他的爸爸妈妈，真的感觉他们就像掉在海水里的人看到了一根稻草一样。经过一番劝说，总算稳定了他的情绪。但时间也太晚了，然后我就睡在他们的地铺上面。我不知道这样的做法对不对，但是我不去管这些，我就觉得就是因为我去了，至少那一晚他没出去。（社会工作者 DY008）

在上述这种服务过程中，社会工作者对服务对象的移情理解，以及由此所做出的无私忘我的积极行动，使他们和服务对象之间建立起一种情感的沟通，让服务对象感觉自己“要对得起”社会工作者的付出，从而维持了服务对象的积极禁毒行为。在上述案例中，社会工作者对服务对象是一种“同感”加“帮助”的意愿，是一种“扶持”的态度，这不同于西方的社会工作专业价值和伦理，但却在我国的社会工作服务实践中发挥着重要的作用。

第四章　社会工作者实践性知识的微观发生

实践性知识是一线社会工作者在服务实践中所创生的一种知识形态。服务实践总是发生在具体的社会文化生态之中，因此，从宏观的角度看，实践性知识的生成深受社会文化的影响。而从微观的角度来看，实践性知识的生成必然要落脚在具体的个体身上，它是实践中的个体基于自己主动的认知加工而创生的。因此，本章将聚焦微观的个体层面，探讨实践性知识的具体是如何发生的。这种微观发生过程的揭示，可为中国社会工作知识的自觉性本土建构提供有益的参考和借鉴。

第一节　微观发生的视角

一线社会工作者的实践性知识，是发生在中国社会工作服务实践场域中“活生生”的知识，这些知识在社会工作者的头脑中存在着，并且通过社会工作者的实践行动展示出来，而且在面对不同的服务实践情境时，也可能会发生不同程度的调整与变化。这一知识源于实践、渗透于个体行动之中，往往与可以外化在书本等载体上的公共知识不同，它是一种情境性、个体性、缄默性的知识存在。它究竟是如何产生的？其生成机制如何？目前已有研究并未给予足够关注。为此，我们从心理学中引入微观发生的理论视角，通过回溯性的案例研究，去探究这一知识在社会工作者个体身上的微观发生机制。

从目前学界关于实践性知识生成的已有研究看，主要是从对实践性知识生成的影响因素分析入手的，聚焦其生成过程中的一系列变化，力图挖掘其中的规律；同时强调影响实践性知识生成的各种不同因素，不是一个静态分离的过程，而是这些不同要素之间相互协调的动态过程。在教育研究领域内，美国研究者康内利（Michael Connelly）认为，实践性知识的生成贯穿于教师的整个实践过程之中，它以教师已有的经验为基础，以教师的反思为动力机制。[①] 中国学者陈向明认为实践性知识的生成过程一般是遵循“原有的实践性知识-问题情境-显性化-行动中反思-新的实践性知识”的顺序。教师在行动前拥有自己原有的实践性知识（PK），它们大多是缄默的、无意识的，以一种经验的状态存在。当教师在行动中遇到一个问题情境时，形成了认知上的冲突与困惑，于是实践性知识被激活，进入教师的意识层面，成为显性的知识。教师在与情境的对话和反思中调整自己原有的实践性知识，形成新的实践性知识（PK），并在随后的教学实践中验证其效果而确认其是否为真的信念。新的实践性知识并非是静止不变的状态，它被应用到之后的教学情境中，以缄默的、无意识的方式存在于教师身上并支配着教师的行动，直到下一次问题情境出现时

① ［美］康内利·柯兰迪宁．专业知识场景中的教师个人，实践知识［J］．何敏芳，译．华东师范大学学报（教育科学版），1996(2).

再次被教师意识到，经反思后又进行新一轮的更新与发展，形成 PK″-PK‴-PK⁗……这是一个螺旋式上升的动态发展过程。[①]

由上可知，教师实践性知识是以问题解决为导向，以经验、情境体验、行动中反思为核心，并蕴含个体动机，由个体自主构建的动态知识系统。这些对实践性知识生成过程的分析提供了促进我们去分析社会工作实践性知识生成机制的意义，在洞悉生成机制的基础上才可以更好地推动社会工作实践场域内社会工作者专业化的主动自觉发展；也提供了我们认识实践性知识的系统的、动态的视角。当前社会工作领域内对社会工作者实践性知识生成机制的研究有限，本部分采用微观发生的视角，对社会工作者的实践性知识生成的过程进行分析。

微观发生的研究视角源于心理学对个体认知发展的研究，其使用者可以追溯到两个发展心理学的先驱：德国的沃纳（H. Werner）和苏联的维果斯基（Lev Vygotsky），并经皮亚杰（J. Piaget）的发生认识论而获得更广泛关注。在发展心理学中，发生即某种现象的出现与发展；微观主要是一种相对于以宏观的年龄阶段为记录点进行的设计而言，是一种更精细、更特殊的研究设计，关注认知发展的内在逻辑与时序过程。微观发生就是对某种心理现象的溯源及发生发展过程进行的纵向呈现。通过微观发生视角，发展心理学所强调的认知发展阶段溯源到其萌生并记录其发展的详细过程。某一认知发展发生在时间维度上可能是几天、几周或几个月，而不再仅仅是以年为计数单位的认知发展阶段。

微观发生视角强调纵向研究，适合于研究心理现象的发生过程，最适宜研究某种心理能力、知识、策略等的形成过程，或阶段间的转换机制。[②]社会工作者实践性知识的生成，作为社会工作者个体心理的一种认知加工过程无疑是契合这一研究方法的，而且能最大限度地发挥这一研究方

① 陈向明. 搭建实践与理论之桥——教师实践性知识研究[M]. 北京：教育科学出版社，2011.
② 辛自强，林崇德. 微观发生法：聚焦认知变化[J]. 心理科学进展，2002(2).

法的优势。微观研究视角的长处是收集个体心理发展变化的精细信息，因而要对整个变化期间的个体进行观察，观察跨越从变化开始到相对稳定的整个期间，而对社会工作者实践性知识生成机制的研究，研究对象是成人，相比较儿童而言，成人具有相对成熟稳定的自我反思能力、经验表达能力等，更能够将自己内隐的心理加工活动过程报告出来，甚至能够把自己通过反思而建构的新知识体现在下一次的行动中，这就使得微观发生视角可以更好地发挥出优势。

第二节　社会工作者实践性知识的微观发生

社会工作者实践性知识的生成，在不同的服务领域，既有共性的规律，也有各自具体的表现形式，同时也受社会工作者个体的已有经验基础、面对的具体服务情境，以及个体的自我反思能力等多方面因素的影响。为便于更好地揭示这种发生个体微观层面上的知识建构生成过程，我们将借助四个不同的社会工作服务领域中的案例进行剖析。

一、在情境判断中创生实践性知识

Q社会工作机构负责上海市L街道的社区志愿品牌活动项目，社会工作者P与社会工作者J正在对本街道该项目的19份活动计划书进行逐一的修改、指导。由于修改、指导工作需要与每份活动计划书的负责人，进行较长时间的讨论沟通，因此一时间造成不少负责人排长队等候的现象。由于许多社区志愿品牌活动的负责人年龄较大，且等候空间较狭小，不少服务对象开始有些抱怨。“我们上午已经开会一个多小时了，年龄大了，等久了有些吃不消”，“对的呀，我一会还得回去呢，还得回去做饭知道哇。”

这是以前很少出现的情况，根据以往的工作经验，这些服务对象很少会如此集中前来，而是分拨零零散散地来，因此即使有的活动计划书的修改指导需要较长时间，通常情况下也不会出现排长队等很久的情况。但是，当天正逢各居委志愿活动负责人前来街道开会，因大多数服务对象便“顺路”集中式地赶来了。这非常态的突发情境，超出了两位社区工作者的预期。

在听到几位年长的服务对象诸如上述之类的对话之后，社会工作者P意识到服务对象有抱怨、不耐烦等负面情绪，而且这些负面情绪可能与他们等待时间过长，身体吃不消、时间不早了等有关系。于是，社会工作者P暂停手头的修改指导工作，暂时由社会工作者J一人分管此工作，与所在街道的管理工作人员简短沟通协商后，邀请排队等候的服务对象到隔壁会议室等候，表明歉意并向每人分发一瓶矿泉水。同时考虑到一些服务对象的具体情况，社会工作者P将急于回家的服务对象的项目活动计划书集中收上来，并分别留下联系方式，约定后面看过之后如有修改，可通过电话联系进行沟通。

这样一来，大家皆大欢喜，都表示了理解，一场非预期的情境转为一般情境，问题得到了较好的解决。①

在本案例中，首先，初始状态是作为服务主体的社会工作者P的常规化工作，依据工作要求，按照平时的工作模式，面对面对社区志愿者品牌活动项目的计划申请书进行逐一的修改面谈工作。尤其是对于实务经验丰富的社区社会工作者而言，他们已形成了一套对社会工作服务流程的基本认知，这些基本认知体现为他们常规工作中的主要工作流程、思维定式、基本角色定位，等等。

---

① 温菁. 上海市社区社会工作者实务经验研究[D]. 上海：华东师范大学，2018.

其次，是问题情境的突发，由于突发的服务对象“顺路”而来，使得前来进行计划申请书修改面谈的服务对象突然集中式增多，再加上服务时间、空间的限制等，大家出现排长队较长时间等候修改辅导的状况，不少服务对象开始抱怨不满。

面对这一突发情况，社会工作者P以冷静理性的服务态度，对这一情况进行了快速的分析判断，积极与工作管理人员进行紧急沟通协商，寻找策略及时地应对。在这一过程中，如此快速的行动应对与其多年的实务经验以及主管一系列社会工作服务项目的经验是分不开的，也与社会工作者P能及时主动地观察具体情境及该事件发生的始末直接相关，更与她能理性思考问题解决的可能性，找到主要矛盾(需求)，通过行动积极推进问题解决的密切相连。

在问题解决过程中，新的策略的调整与实施，都需要行动过程中的积极反思能力。在本案例中，社会工作者P“暂停手头的修改工作，暂时留社会工作者J一人分管此工作，邀请排队等候的服务对象到隔壁会议室等候，表明歉意并向每人分发一瓶矿泉水”。在这一处理过程中，社会工作者P稳定了局面，缓和了服务对象的焦虑情绪，并和服务对象建立起比较好的关系。但是鉴于时间、环境以及服务对象的年龄特点等诸多因素的影响，社会工作者P已有的处理问题的常规方式，可能不能有效地解决当下所有服务对象的具体问题，因此基于不同服务对象的具体需求，社会工作者P不断调整和反思，并在原有行动的基础上，做出新的应对“将急于回家的服务对象的计划书集中收回，并分别留下联系方式，之后如有修改方面的沟通需要可通过电话联系”。

最终，非预期的问题情境向一般情境的平稳转换。这一问题解决的过程，社会工作者P获得了应对非预期问题的新经验和新知识。这包括要关注并意识到服务对象的真实需求、及时与管理人员沟通、安抚服务对象的情绪、灵活调整已有的工作流程，等等，都成为社会工作者以后再应对新问题情境中的知识基础。在这一过程中，“需求”是一核心因素，是理解社会工作者实践性知识的一个关键点。社会工作者在服务实践中，需综合考虑不同相关利益者的需求，委托方/购买方/出资方需求、对接方/落地方需求、对接人/联络人需求、服务对象的需求/服务期待、政府的需求、中间方感兴趣的需求，等等，在不断明晰和平衡各个方面“需求”的过程中，完成服务项目。

二、在突破预设中重构实践性知识

在社会工作者的服务过程中，很多知识是情境性的，但是作为一个具有反思能力的主体，社会工作者在不断对情境知识的处理进行反思、总结、改善、实施和评估的过程中，建构起实践性知识。如一个实务服务的具体案例：

我们曾做过一个沙龙活动，主题是“走回十八岁”，其中有“十八岁的宣誓”“十八岁的故事”活动环节。这个活动那天来了好多人啊！现场非常有震撼力，我也有很多的感动。但是，作为活动的组织者和专业社会工作者，我也有很多的反思。比如，其中有一个环节，本来设计的是请大家分享自己十八岁那一年最快乐的一些事儿。刚开始还是挺顺利的，十八岁，第一次恋爱；收到同学的礼物，等等。但后来在活动的进展过程中，我发现有些不对劲，好些人分享出来的是十八岁那年好痛苦，而且有一个人一开始就直接拒绝了我，不愿意分享。我以前做活动，一般很少去问一些消极负面的东西，更多的是激发服务对象更加正面积极的东西。那天现场的氛围，很不符合我的活动设计目的和我对小组活动价值的认识，因此我一下子觉得有点儿小小的生气，而且那天正好有几个硕士生来观摩，这让我更加觉得这些服务对象很不给我面子，不配合。

但是，我后来马上就调整了自己的情绪和想法，我意识到，那个服务对象不愿意分享,未必是反对我,如果是反对我,他就不会来了。这里面是不是我的设计出了问题?我要让他们分享十八岁那年对他们自己来说一件重大的或者意义特别深刻的事件。但是,对于这个事情,我却把它不自觉地想成一个开心的事情了,可是谁能说十八岁一定是开心的呢?想想我的十八岁好像也没什么值得回忆的开心事儿。想到这些,我就随机地对活动的思路作了一些调整。我对那个服务对象说:"我尊重你,你如果不愿意讲,完全可以不讲,我不知道是不是我触动到你的一些个不愿回忆的事情?"人的交流,可能就是这样,你尊重、理解对方,对方也会对你坦诚相待。然后就他就开始在那里抽泣、流泪,后来他是那次活动分享最多的一个人。他讲十八岁那年,家里发生了好几起大事情,父母接连去世,叔叔也遭遇车祸,而且还"吃"了官司。就是很痛心的回忆。当时包括在场的那些观摩的研究生,也被感动到了。后面就是我领读宣誓,我要求他们闭着眼睛,我念一遍他们跟一遍,我就看到好几个人都开始在那里抽泣流泪。当然并不是说流泪就是一个活动组织成功的标准,但我至少觉得,这种分享走心了。

现在回想起那次活动,我觉得给我的教训特别深刻。虽然之前我们费了很大的力气去组织,但是在具体活动过程中的每个环节上,带活动的人的经验和临场的智慧很重要,要能根据具体情况,随机地去作调整。比如,当我遇到的那个服务对象不愿意分享交流的时候,我意识到了可能我的引导有问题,然后,我就把自己先糗一顿,自己骂自己没水平,我说"自己太没有水平,这个问题问得不好。谁说十八岁就一定是开心的了,就你们自己愿意分享十八岁那年的什么经历都可以"。那我想如果一个很年轻的社会工作者的话,可能就很难有这样灵活的处理,可能一下子就对抗起来了。因此,我就觉得在我们服务的过程中,其实是我们和服务对象共同成长的一个过程,我们不一定要在服务对象面前装得很高大上,我们也可以有一些很真诚的欢笑,后来我是一直用的这种方法,包括在小组里面，我用得最好的一点，就是我觉得我会调侃自己，就出自己的丑，然后一下子距离就可以拉近，比如说，我说自己很二，说说自己的一些缺点、弱点，等等。还有就是，我意识到，提问的技巧很重要，就是说是不是适合把这样严重的一些问题放在那么大的一个活动中去做，可能是小组五六个人或者是一对一的个案中，是比较合适的。（社会工作者 DY008）

在这个案例中，社会工作者在组织活动的过程中，设计了针对主题的一些回忆活动，这是一个预先设计好的流程，符合她的已有知识体系。但是在实施过程中，突然遇到"好些人分享出来的是十八岁那年好痛苦，而且有一个人一开始就直接拒绝了我，不愿意分享"。这一突发的新情境让该社会工作者很受挫，因为这与她已有的关于社会工作活动性质的理解是不一样的，"我以前做活动，一般很少去问一些消极负面的东西，更多的是激发服务对象更加正面积极的东西"，而且和当时她对活动情境的认知和期望也有出入，因为那天有几个研究生来观摩，她理解观摩是要把她活动的好的一面展示给别人，因此她期望服务对象能配合他，给他面子，使活动按原计划顺利开展下去。但是，新出现的情况，使她不得不重新调整自己的已有的认知模式和行为期待，推动她去反思："是不是我的设计出了问题？我要让他们分享十八岁那年对他们自己来说一件重大的或者意义特别深刻的事件。但是，对于这个事情，我却把它不自觉地想成一个开心的事情了，可是谁能说十八岁一定是开心的呢？想想我的十八岁好像也没什么值得回忆的开心事儿。"这种设身处地的移情式理解，使得她开始尝试临场探索新的行为方式："我尊重你，你如果不愿意讲，完全可以不讲，我不知道是不是我触动到你的一些个不愿回忆的事情？""把自己先糗一顿，自己骂自己没水平，这个问题问得不好。"这一调整既有该社会工作者已有经验的发挥作用，也有现场的创造。在这一调整以应对新情境的过程中，该社会工作者"解读题目""代入自我""贬低自己"，使得活动继续向着积极的方向进展，结果是"当时包括在场的那些观摩的研究生，也被感动到了……活动特别走心"。在事后讲述与反思这个事件的时候，该社会工作者强调了自己在这个活动过程所感悟到的道理：在我们服务的过程中，其实是我们和服务对象共同成长的一个过程，我们不一定要在服务对象面前装得很高大上，我们也可以有一些很真诚的欢笑，后来我是一直用的这种方法，包括在小组里面，我用得最好的一点，就是我觉得我会调侃自己，会出自己的丑，然后一下子距离就可以拉近。

在这个案例中，我们可以看到社会工作者在形成其实践性知识的过程中，从初始阶段预设的理想状态开始，到活动过程中问题情境的产生，继而推动该社会工作者进行反思并作出新的调整，最终积累和发展起新的实践性知识。社会工作者的预设活动主题、新的问题情境，以及积极主动的反思等在推动着这一过程不断走向最终的整合。

三、在自我定位的调试中生成实践性知识

实践性知识不仅表现在服务过程中，社会工作者对服务技巧方面知识的创生，也表现为社会工作者对自身角色的认知。在如下案例中，社会工作者通过自己对社会工作专业认同历程的回顾，重新生成了对自我角色定位的实践性理解。

社会工作者J，MSW毕业，医务社会工作者，工龄30个月。在回顾自己入职社会工作者岗位之后的角色感受时，他谈道：头半年的时候，我有无数次想辞职。原因是我要接待投诉——本来我们这边的工作是志愿者管理，但是我头半年90%的任务都是在做医疗接待，没办法做社工服务。所以那个时候压力特别大，情绪不稳，无数次想辞职，无数次直接不想干了。半年之后，我到另一个部门轮岗，不再做医疗接待，在新的岗位，我学到一些新的技能，心情就好多了。后面半年之后，我又回到原先的部

门，做了一次社工定岗，但是工作任务包括做医疗投诉，不过这次我发现和之前的体验不一样了，我感觉自己有能力了，因为懂得管理系统了。之前排斥这个工作有两个方面的原因：第一是伦理困境，第二是我不懂得医疗管理系统。比如说，他配药配错了，他需要跟谁联系，具体怎么处理，这个流程我不清楚。医疗管理这块我没有了解。经过后半年的轮岗，我了解了这方面的知识，因此，感觉再做这块就顺手多了，我对自己的角色定位也更清晰了。既是医院里的行政管理人员，又是专业的社会工作者。处理医疗纠纷时是行政人员的角色，社会工作者的角色体现在做一些专业性的活动之中。不过对我来说，我还是更愿意去做社会工作服务这块，当然那边医疗纠纷如果临时缺人的话，我还是可以顶上去，帮他们一把的。我觉得，在一个单位，就是要让管理者看到你的优势，我的优势就是我的社会工作者专业。现在我开展这些活动，大家都会肯定。我在过去半年的轮岗时间里，会不断去想着策划一些活动，甚至跟实习生一起去策划这些活动，就是想向同事、领导、其他人去证明我作为一个专业社会工作者的价值，作为专业的社会工作者，我可以带来和别人不一样的东西，带来以前没有的东西。

在该社会工作者两年半内的新入职工作历程中，从刚开始无数次想辞职，到主动去凸显社会工作的特色并获得成就感，他在实践中获得了对医务社会工作者角色新的认识，这是他原有学校所学的专业知识、实习经历、个人体悟、工作经验相互作用后，而产生的一种个体化的、具体的、情感性的认识。他认为这一转变的原因主要是获得了自信、有了同事支持、熟悉了医院体系。在此基础上，我们可就他对社会工作者角色所产生的认知和理解的建构过程进行分析。

一开始，他是带着对医务社会工作者应有角色的认知进入工作实践中的。但是这一角色认知直接源于他之前培养时的课本知识。之后在纠结冲突的状态中，他有了新的认知体验，对社会工作者角色有了新的认识，当他再回原岗位，他强调自己作为一名医务社会工作者的角色定位，"自己既是医院里的行政管理人员，又是专业的社会工作者。处理医疗纠纷时是行政人员的角色，社会工作者的角色体现在做一些专业性的活动之中"，社会工作者的角色是自己的优势特色，需要通过"做"专业性的活动来获得认可。

分析这一基于实践的社会工作者对自我角色的调整和重新构建，有如下几个基本环节。

首先，是初始状态的理想化。该社会工作者带着自己源于课堂学习和实习所获得的角色认知，进入工作岗位。他坚守社会工作的价值和理念，并希望通过自己的行动去做到助人自助。

其次，现实引发冲突。当该社会工作者在具体岗位中提供服务时，他产生了困惑与冲突。他意识到社会工作者应有的"助人自助"的角色在实践中行不通，他的工作内容完全让他无法实现自己已有的角色期待。于是他开始怀疑自己是否在做社会工作，究竟如何才能承担起医务社会工作者应有的角色呢？自己是否有必要这样继续做下去呢？他出现了认知冲突与情感困惑。这甚至导致他一度纠结于是否要辞职的状态之中。

接着，新知识进入。在本案例中，医院的轮岗机制，给该社会工作者带来了新的转机。不仅提供了他重新审视社会工作者角色的机会，也帮助他获得了关键性的医院管理系统的新知识，为其走出困惑提供了可能性。

然后，是该社会工作者的反思。他通过重新审视自己已有的对社会工作者角色的认知，对自己当前问题情境的分析，协调原有知识与新情境之间的关系，重新对自己的角色进行反思，寻找符合当下工作环境的社会工作者的角色界定。

最后，是该社会工作者角色的重构。在反思和重新审视自己的工作处境之后，他对自己的角色进行了重构，从原来理想的角色定位走了出来，区分了自己所承担的两种不同的角色，并且做了很清晰的自我界定，处理医疗纠纷时是行政人员角色，设计和带领专业活动时，是社会工作者的角色，最终实现了从理想型的助人自助已过渡到有边界的、在具体服务情境中的多样化角色和谐共存。

四、在“摸索”中建构实践性知识

“摸索”是社会工作者描述自己实践时的常用表达，它不仅说明了没有现成的知识理论可以直接套用，也说明了社会工作者结合实践，积极探索，持续前行，不断建构着对服务实践的理解方式和行动方式。

记得 2005 年的时候，我们有一个比较大的项目，受社区中心委托，为社区开展老年社会工作服务。不像现在的这种招投标，当时那个标的很清楚，就是告诉我们要开展老年社会服务工作，但是也没有告诉我们要服务什么，而且确实之前没有这种直接去服务的相关经验，所以很多东西都要自己去摸索。我们当时差不多摸索了两个多月吧，一直在寻找到底从哪里入手开展服务工作。

记得那个社区很大，在社区服务中心里面，他们没有办公室给我们，就给了我们一间会议室临时作为办公的地方，以此为落脚点，开始了我们前期的“摸索”工作。其实我们当时的资源很少，也没有很好的活动场地，跟居委会又不是特别熟，但工作总要开展下去，作为开始阶段的探索，我们准备去探访一些独居的或者空巢的老人。为此，我们找到了那栋大楼里的老龄办，问他们提供一些此类老人的基本信息那边，后来，民政啊，青保啊我们都去跑了，反正就是去认识一下，社区中心的老师介绍我们说是某某机构的社会工作者，在这边要开展社会工作，后面可能还有些事情需要他们支持和帮忙什么的。

然后，他们也会给我们一些建议，比如说我们要注意些什么啊，可以先找到一些试点啊，可以从社区中心邻近的几个居委做点什么的。在老龄办，我们跟负责的老师讲，能不能帮我们打个招呼，否则的话，我们去一些老年人家里，人家也不会接待我们啊，他就帮我们打了招呼，并给我们提供一些名单。然后我们就慢慢地开始上门去找这些老人去采访他们，了解我们的服务对象的一些基本情况，因为我们当时也不知道具体可以做什么，所以起码先要知道这些人大概是什么样子，那比如说他们是身体好的或身体都是不很好的，那可能接下来就要做不同的服务策划。所以我们就开始去探访，就发现一些老人可能住的楼层很高，他们当中的一些条件也不是太好。然后我们就想是否可以从安全的角度，为老年人做些有益的事情，于是我们就做了一些安全小册子，比如说防滑、防骗。然后就去上门发给他们，同时也会跟他们聊天。

了解了服务对象之后，我们就开始想着策划一些活动。做活动需要借居委会的一些场所。对此，我们的经验是尽量能够结合居委本身的一些需要，比如说他们正好想做一个什么样的事情，他说“唉，你们社会工作者能不能先帮忙策划一下”。当然我们觉得这件事情不一定是最好的，这本来是人家要干的事情，现在正好我们过来，像免费劳动力一样，但是可能从当时的那个阶段来讲，我们只有这样，可能才有机会，否则，得不到人家的支持，不要说没有场地可用，可能连服务对象那些老人家也没有多少来参与的了。所以当时肯定是借着这样一些机会，慢慢地我们的专业性体现出来了，居委会对我们的态度也就不一样了。甚至跟他们熟了之后，其实很多东西都好说。那我们也愿意把活动放在一些大家合作相对比较好的居委去做。

我记得那一年，我们还做了一件事情，就是利用“六一”做老年服务活动。“六一”通常都是小朋友节日，各种小朋友的活动。那次我们设计了让小朋友当志愿者去探访老人这样一个活动，因为我们觉得“六一”是小朋友最快乐的节日，但通常是他们被关注，比如有礼物鲜花新衣服有节目或者怎么样，那我们觉得其实在这个时候小朋友如果能够去服务，其实也是个很好的事情，同时也可以让老人家感受到这个快乐。我们当时就组织了大概十几个小学高年级和初一初二的学生到马路上发传单，开展签名活动，意思就是说希望大家在这样一个儿童的节日里，也不要忘记老人，当时有很多路人过来签名。这是蛮成功的一个尝试。

在这个案例中，社会工作者在接受了社区中心的服务项目之后，处于“要做但是不知道如何做”的阶段。但是事情总归是需要起步开展的，在这一背景下，“摸索”成为他们最基本的行动策略。在宏观的社会发展中，“摸着石头过河”也曾是中国改革开放，进行社会主义现代化建设的一个基本策略。在这个过程中，中国成功了，积累了中国特色社会主义发展的丰富经验。因此，在这样的宏观语境下，作为一个标志性语言“摸索”也成为一个积极的集体无意识，影响着具体而微观的日常工作实践。当人们在缺少相关的知识经验去开展某项工作时，“摸索”成为一个最基本的方法论。它反映了人们在新的工作中，积极探索，大胆开拓，及时总结经验。①

本案例中的社会工作者正是体现了上述“摸索”的方法论思路。通过在社区中心借助办公环境，与一起办公的不同部门建立积极的关系，寻找资源与支持，尤其是借助老龄委这条线与居委会建立关系，从而使服务有了起点。在此基础上，不断拓展服务内容和思路，最终达到了服务的目标。

五、影响社会工作者实践性知识的微观发生关键性要素

总结上述社会工作服务实践的案例，可以看到在社会工作者实践性

① 温菁. 上海市社区社会工作者实务经验研究[D]. 上海：华东师范大学，2018.

知识的微观发生过程中，一些关键性的影响因素包括如下几个方面。

（一）社会工作者主体

社会工作者是社会工作服务实践的核心提供者，是实践性知识创生的主体。一方面，他们是实践性知识的生产者与检验者，实践性知识必须经过他们自身的体验，才能获得与呈现；另一方面，因社会工作者不同的个性特质与生活史，他们对知识的构建方式以及知识的呈现状态也会有所差异。

如，在上述第一个案例中，社会工作者 P 作为一名在社会工作领域有 7 年工作经验的资深社会工作者，她能带领服务，及时察觉服务现场的异常，及时快速地分析导致问题产生的原因，并且也能及时采取合理的行动来解决问题，是保障这次服务顺利完成的一个重要因素。社会工作者是服务实践中实践性知识创生的主体。他们对自身的角色定位以及他们的经验水平决定了他们对服务的把控程度以及对实践性知识创生的可能性。

再如，在上述第三个案例中，经历困惑的社会工作者最终从初期的困惑转化为后期的平衡，专业角色通过分化、边界化、专业化而有了新的表达。但如果他全盘接纳制度安排、放弃专业价值或者极端式批判现实，都将建构生成出不同的知识状态。

（二）问题情境

社会工作一直遵循“人在情境中”，因此对社会工作者来说，同样是处于情境中的个体。“在问题情境中及其后续发展使情境确定，探究这不是站在问题情境之外的旁观者，而是处于问题之中处理问题的”。[①] 问题情境作为一个背景性因素，在现实的社会工作服务过程中，其存在是不可避免的。这首先是因为社会工作服务实践场域的复杂性和动态性，并不是

① Dewey J. Logic: *The Theory of Inquiry*[M]. New York: Holt, Rinehart and Winston, 1938.

按照固定操作程序展开的,临时出现问题情境在所难免。其次是因为社会工作服务对象的个体差异性也决定了服务过程中,各种计划难以完全控制问题情境的出现和发生。问题情境对社会工作者的服务活动带来了一定的挑战,而恰恰也是这种挑战,使社会工作者在分析问题、积极探索解决策略的过程中,不断检验着自己已掌握的社会工作知识,并适时作出新的调整和改变。在问题情境中,由于人-环境的互动而激发出社会工作者的判断力、行动力,以及临场的机智,使其原有的知识呈现出一种开放与改变的准备状态,为新知识的创生提供了认知性条件。

（三）新的刺激

面对不熟悉的或者突发的问题情景中,社会工作者要寻求解决的方法和方案,经常要借助新的刺激,在新的刺激下,他们的思路被打开,或者出现新的转机。从而使他们对问题的认识一下子顿悟了,呈现豁然开朗,峰回路转的状态,为他们对问题的解决提供新的可能。新的刺激,有可能是服务对象新的反应,如在上述案例一中,服务对象的牢骚、抱怨,作为新的刺激,直接激发了社会工作者去思考如何应对。新的刺激,也可能是来自他人的建议,如在上述案例四中,社会工作者走访社区中心的各个办公室,得到了不少的建议,这些建议作为新的刺激,对他们寻找老年社会工作服务的突破口有一定的启发,虽然有些可能不一定直接可用,但却可以激发他们的灵感。

（四）已有经验

在问题情境中,社会工作者需要积极地对问题情境进行界定,大致明确“这是什么怎么回事儿”“可能是什么原因造成的”“可以怎么解决”等问题。此时社会工作者已有经验对应对问题情境的作用就会凸显出来了。已有经验不仅可以在一定程度上迁移到新的问题情境中,也可以作为已有认知基础,为社会工作者解决问题提供借鉴。已有经验有时也未必能被社会工作者个人所意识到,但必然会潜移默化地发生着影响作用。如在上述第一个案例中，社会工作者积极与工作管理人员进行紧急沟通协商，保障了其后续的问题解决，这一快速的行动应对与其多年的实务经验以及主管一系列社会工作服务项目的经验是分不开的。

（五）行动中反思

行动中反思就是实践者和问题情境之间的“反思性对话”。根据舍恩的观点，实践者首先要对问题进行框定，并且采取一定的试验性的行动来尝试解决，然后聆听情境的回话，既得到情境的反馈，最后对情境进行重新框定。设定认为实践者的反思要经历鉴评-行动-再鉴评三个阶段螺旋式上升[①]。在行动中反思，在反思中行动，社会工作者需要对问题情境不断形成假设并采取可能的处理行动，一步步鉴评策略的有效性，最终反思和行动的互动达成最佳。

（六）形成新知识

实践者通过行动中反思最终解决了问题情境，平衡了原有知识与新刺激之间的矛盾，形成新的实践性知识。这一知识集社会工作者的已有知识经验和新的刺激于一体，通过个体的调节以及对环境的分析，最终沉淀为相对稳定的知识成果，而被纳入社会工作者个体的知识结构之中。作为个体知识结构中新纳入的成分，它的加入使个体的知识结构更加丰富，结构上得到进一步优化，从而使个体在以后面对类似的服务实践问题情境时，可以直接调用这些知识来解决它们。而且从元认知的角度看，这种新的实践性知识的形成过程，也为社会工作者个体在以后面对其他新的不熟悉的问题情境时，提供了应对方法与应对策略上的经验，从而为下一步新的实践性知识的创生，奠定了基础。

上述这些要素，作为参与实践性知识形成基本影响要素，在整个实践性知识的生成过程中，相互作用，彼此影响，循环往复，产生如图 4－1 所

① ［美］唐纳德·A. 舍恩. 反映的实践者-专业工作者如何在行动中思考［M］. 夏林清，译. 北京：教育科学出版社，2007.

示的知识发展机制：

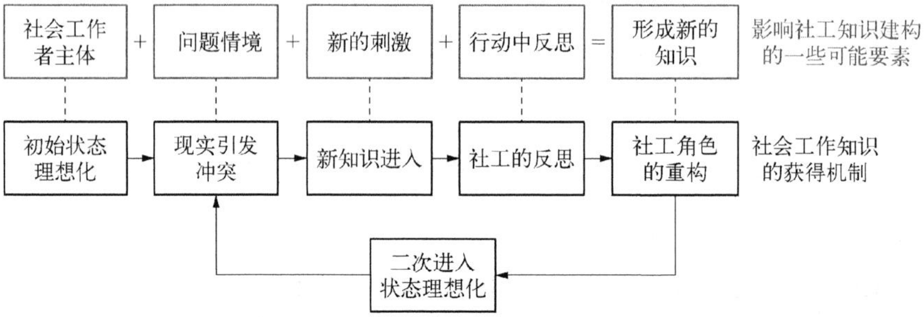

图 4-1　影响社会工作者实践性知识的微观发生要素

第五章　社会工作者实践性知识的内容

社会工作者在实践中创生了实践性知识，虽然这些知识具有一定的内隐性、个体性、情境性等特征，但是通过不断地反思、重复，这些知识也可以归结不同的内容类型，并通过不同的表征方式呈现出来，使其成为可意识到的知识。

本章通过对禁毒社会工作服务领域、老年社会工作服务领域、医务社会工作服务领域，以及社区社会工作服务领域的社会工作者进行观察、访谈，在不断地阅读文献资料及对实践的深入分析基础上，提取了社会工作者在一线服务实践场域中普遍存在的一些知识内容类型。

当前关于实践性知识内容的一些研究仍存在一定的争论。例如，在教育学领域，虽然教师实践性知识研究经历了十多年的发展，已经相对成熟，但是因为实践性知识是教师专业发展的重要知识基础，其缄默性、动态性、情境性等特点，导致对教师实践性知识的研究具有很大难度，用什么办法捕捉并表达出教师的这类知识成为长期困扰教育研究者的问题。陈向明认为，“教师实践性知识的概念本身是否精确并不重要，重要的是用什么办法捕捉并表达出教师的这类知识。”[①]十多年过去了，国内对这类知识的研究虽然呈现出逐步推进的态势，但依然没有对上述问题作出明确回应。虽然已有研究兼用了定量和质性的方法，也从不同的研究途径(如叙事探究、现象学、比较研究等)入手，但是目前的研究结果呈现出平面化与雷同化的倾向。教师的实践性知识通常被分解为多个成分，而且分类雷同，如关于学科、学生、教育、自我等方面的知识。[②]

但是，“难度大”并不等于“不可能”。相关研究在批判性地汲取了元素分析的研究成果之后，马上把视角转向知识建构的进程中，也即通过构建不同形态的实践性知识来促进教师的专业发展，或言之，其研究视角从“What”转向“How”。在构建知识的路程中，系统整合的方法成为研究者们共同信奉的原则。这其中包括，舒尔曼的 PCK(Pedagogical Content Knowledge，学科教学法知识)，它既是“在实践中”建构的，又是“关于实践的”，也是“指向实践的”，[③]被公选为支撑实践性知识整合研究的基石。在教育信息化的带动下，美国学者科勒(M. J. Koehler)和米什拉(P. Mishra)于 2005 年在舒尔曼的基础上，又提出了 TPACK(Technological Pedagogical and Content Knowledge，整合技术的学科教学知识)，凸显了技术在实践性知识创生过程中的作用。[④] 陈向明等人则提出从“两难空间”的概念入手，论证了从“两难”视角研究教师实践性知识的理论合理性与实践有效性，并通过对相关理论进行剖析，借助研究实例作为支撑，最终提出了以“两难空间”为切入点的“溯源-描摹-抽象-扩展”的新思路。[⑤]

① 陈向明. 实践性知识：教师专业发展的知识基础——“两难空间”中的路径探索与实践论证[J]. 北京大学教育评论，2003(1).
② 魏戈，陈向明. 如何捕捉教师的实践性知识[J]. 教育科学研究，2017(2).
③ 朱德全，杨鸿. 论教学知识[J]. 教育研究，2009(10).
④ 程岭. 实践性知识研究的历史嬗变[J]. 教育理论与实践，2017(25).
⑤ 宋璞，李祥. 学前教育师范生实践性知识的构成要素及生成路径[J]. 学前教育研究，2017(1).

在社会工作领域中，社会工作者的实践性知识"基本来自真实情境中的实践而非课堂上的灌输，来自他们对处境化了的社会生活实践的反思，而非教科书上的教条及其背诵"[①]，这已经成为大家的共识。"未来会有更多的学者立足我国丰富的社会工作实践，在大量研究的基础上，修正西方社会工作理论，建构新的社会工作理论，探索建立中国的社会工作模式。"[②]但是梳理一线的实践性知识内容需要研究者和一线人员的紧密合作，这项工作虽被纳入中国社会工作知识本土建构的议题之中[③]，但是具体的行动仍未充分地展开。

本部分扎根实践，通过对有关实证资料的梳理，尝试提取社会工作者实践性知识的基本内容。鉴于社会工作者实践性知识是一个复杂的体系，既存在于社会工作者对社会工作理论、原则、价值的一些朴素认识中，也存在于社会工作者实务操作过程中所生成的个体化经验和体验中。本书主要根据目前所收集到的资料和研究发现，对一线社会工作者实践性知识的基本内容展开探讨。我们相信，随着研究的深入，关于社会工作者实践性知识的内容将不断被拓展和丰富。

第一节　"建立关系"和"接地气"

英国学者艾洛特(M. Eraut)认为，"在新的背景下解释性地使用一个观点本身就是知识创造的行为"。[④] 在社会工作实践中，有效的经验被社会工作者意会到并进行归纳和提炼，使其运用在不同的情境中，通过调整

① 范明林，徐迎春. 中国社会政策和社会工作研究：本土化和专业化[J]. 社会，2007(2).
② 李芳，何雪松，童小军，梁建雄. 社会工作本土化的总体趋势[J]. 中国社会工作，2018(4).
③ 何雪松. 迈向中国的社会工作理论建设[J]. 江海学刊，2012(4).
④ Eraut M. Developing Professional Knowledge and Competence[M]. London: Falmer Press, 1994.

以确保其适用于不同的情境，这就逐渐形成了一种实践性知识。在访谈过程中，我们发现一线社会工作者意识到的最具共性的实践性知识是“建立关系”和“接地气”。

一、建立关系

关系是社会工作的核心内容，贯穿社会工作专业实践的始终。① 在传统意义上，社会工作专业关系被界定为“专业人员和当事人的内心感受和态度表现的动态交互反应关系，社会工作人员透过此种交互作用以协助当事人社会生活适应能力的改善和增强”。② 在西方，社会工作者在实务过程中是基于制度信任建立起的专业关系，专业伦理、公私界限十分清晰。而在中国本土文化中，关系作为一种无孔不入的网络贯穿于社会的方方面面，无论是以“五服”“六亲”“九族”等血缘为基础形成的宗亲关系，还是以“同学”“同事”“同伴”等社会交往为纽带建立的熟人关系，抑或是以“邻里”“老乡”“对门”等地缘为契机形成的地缘关系，都体现着中国本土独到的关系社会。这种关系社会的背后体现了中国基于“人情”“面子”“熟人”“礼尚往来”等关系哲学所形成的“差序格局”社会形态。在中国社会文化生态中开展本土社会工作，专业服务关系的建立，包括对上、对下，以及平级之间的各种人际关系的建立，如和项目主管、服务对象、同事等的各种关系，必然会受这种传统文化的影响。而一线的社会工作者也确实对这种关系的建立，深有体会，在服务实践中感悟到不少关于关系建立的心得。他们最为基础也最为有效的经验之一就是将时间、精力、人力投入关系建立之中。“一次不行两次，两次不行三次……可能大家都是这样一个建立关系的过程。”这句话就是对建立关系投入的最好诠释。

① 杨超，何雪松. 社会工作的关系视角[J]. 学海，2017(4).

② 黄维宪，曾华源，王慧君. 社会个案工作[M]. 台北：五南图书出版股份有限公司，1985.

（一）帮助式的关系建立

对于和服务对象“关系”建立的方式，虽然不同领域的社会工作者都有自己的特殊体验，但他们均将良好专业关系的建立看作“成功的保障”及他们有效开展社会工作服务的核心内容之一。

这种关系的建立往往是一个逐渐发展深入的过程，恰如社会工作者(DL001)所谈到的案例[①]：

案主，K，2004 年从监狱出来。我跟她接触的时候，她虽不排斥我，但是她也不怎么欢迎我。直到 2005 年 3 月，她态度有了改变。当时她遇到了一件事情。派出所民警在前一天晚上要上门带她突击尿检。而事实上她前面进监狱的事儿，她自己的亲弟弟都不知道。她弟弟和她相差 10 岁。她到劳教场所关了两年，她父母为了这个事情，瞒了她弟弟两年，所以她弟弟是不知道她曾经吸毒的。但是派出所民警晚上一上门，她被派出所带过去，弟弟知道了这件事，她的反应就特别大。11 点半，她回来了，回来以后就是哭个不停，一整晚都没睡觉。

第二天上午她打了一个电话给我，我当时在开会，于是我让她去派出所找某某。她认为警察是无权干涉的，如果警察有事可以电话联系，不应该就是这样直接上门。我会议结束以后也直接到派出所问了一下情况。我发现派出所已经把她的信息输入到系统里面了。我又到她家里去探望她，发现她眼睛红肿，因为一晚上都在哭！我询问他们，她爸爸说没有什么结果，也不知道他们后面要怎么处理这件事情。我考虑到不能发生下一次啊，毕竟她父母年龄比较大，父亲今年已经是 77 岁了，万一有个三长两短的怎么办呢？他们跟我讲，问我是否可以再陪她去一下派出所。我说：“好，我不介意。”

---

① 刘凌艳. 一线社会工作者实践中的专业性研究[D]. 上海：华东师范大学，2004.

下午两点的时候我就陪她到我们公安分局，因为上午已经去过了，他们就让上午接待的民警来接待我了。民警来接待我的时候，我就跟他说："我是社会工作者。"他说："我晓得了。"我紧接着跟他说："上午他们也来过，没有结果，我现在来主要是想知道你们什么时候能给我一个答复？"我就是希望有这么一个答复：一、你们这样的做法是否妥当？二、她们当时这样的情况，如果当事人的父母因为这件事情身体导致不适，如果送医院了，你们谁会负责？他们已经70多岁了。三、她吸毒的事情本来是瞒着她弟弟的，因为你们不妥当的处理导致她弟弟知道了这个事情，那她以后在弟弟的心目中会产生什么样的状况？对她弟弟，对她自己，又会产生什么样的心理阴影？四、我保留向法院起诉的权利。我当时也就是想壮壮胆，没想到接待民警说："前三点我帮你写上去，第四点不好写上去，如果你要起诉就直接起诉吧……前三点我肯定帮你写上去，三四天之内全部给你回复。"

我们回来之后，我就给她爸爸妈妈打电话了："我不知道到底是否有结果，但是至少我们跟他去说了，如果以后再遇到这个事情，你就去起诉。"想不到一个星期啊，派出所所长电话直接打给我，说希望过来赔礼道歉并要到她家去。她爸妈说不要去她家，就到我社工点来，由我做中间人。后来大家在社工点来沟通了一下，派出所所长也来了。我当时说："我相信我的服务对象。你们来跟我说是有人告发了她，但是也不能因为说有人告发，你们就来这么一个操作。在工作方式上那你可以变通一下。"他们说了对不起，以后再查会打招呼的。后来我们说，不要再出现这个事情，他们说知道了。

从这个事情以后，她就对我来了一个180度大转弯，以后有什么事情，就跟我说。她只要一出现事情，就打电话给我。其实，这些事情已经撇开和毒品的关系了，完全是她工作上的、私人感情上的事儿。一句话，我跟她其实是已经脱离了案主与社会工作者的关系了，就是朋友。去年

12 月，她弟弟结婚，我是属于她爸爸妈妈的一个特邀代表，坐位置是和她爸爸妈妈一桌的。就到了这个状态！所以说，我们已经不牵涉社会工作者和服务对象了。

分析这一关系，看到的是中国文化的痕迹。在社会工作者服务案主的过程中，社会工作者由于站在服务对象的立场上，和服务对象一起针对派出所的突击检查进行质疑并寻求维权，保护了案主的最大利益，使案主深刻感受到社会工作者对自己的“好”，双方建立起良好的关系，以此为起点，案主对社会工作者深入发展关系，双方在情感方面的信任和连接，有效促进了社会工作者服务实践的开展。

在服务对象和社会工作者建立关系的过程中，我们可以看出关于“关系”建立的机制，主要是“帮助-信任-深入”。中国人的思维方式注重整体性，相信直觉和顿悟，缺乏思辨和逻辑推理能力。因此在很多案例中，社会工作者自我意识很强，虽然并没有充分尊重案主自决，但是也取得了不错的服务效果。这是因为只要案主认为社会工作者的所作所为是对他有利的，他就愿意相信社会工作者，这就是整体性思维的体现，甚至只要社会工作者的决定对案主的整个过程有利，损害案主的一部分权利，案主都可以接受。因此，在服务过程中，诸如帮助就业、帮助申请低保都能起到良好的效果，因为他们的直觉是自己得到了实质性的帮助，而不会深究帮助的过程中社会工作者是否有尊重他们的个人权利，他们是否真的需要这个帮助。在未来的社会工作者专业发展过程中，一方面需要科学的知识来回应案主的问题；另一方面，在本土实践背景中，国人行动中的人情、面子、权威取向、关系取向及中国独特的政治文化等还需要社会工作者有着充分的文化自觉。①

① 杨超，何雪松. 社会工作的关系视角[J]. 学海，2017(4).

（二）陪伴式的关系建立

在诸如上述类似的服务过程中，社会工作者通过自身对服务对象的关键事情上的“帮助”而生成紧密的关系，使服务实践得到进一步的深化，但也有一些服务过程中，这种社会工作者与服务对象之间的关系是悄然生成的，建立在社会工作者和服务对象之间日常相处的一些细节中，建立在不知不觉的“长时间陪伴”中。例如对社会工作者（CM006）的访谈所言：

访谈者：在过去三年的服务实践中，有没有你还记得起来的你的一些机智反应，比方说遇到一个什么比较应急的情况下，你做出了比较妥善的反应，事后想起来比较有成就感？

受访者：基本上你让我去回忆的话，可能平时的细节我并没有注意，但是的确有很多要去紧急应对的。比如，我之前有个服务对象，是一个小伙儿，他父亲瘫痪在床多年，然后孩子刚出生，压力特别大，整个人状态不好。因为我之前就住在附近，所以有时候工作之余，在下班之后，有时间的话，也去关心一下他，就问一些他的情况。可能我当时觉得我对于每一个患者都会这样去关心，但是对他来说他不会这样想，因为本来他自己在外面就特别的不容易，然后有一个人愿意来关心自己，愿意来听自己说这些事情，他非常感动，他会想各种方法去表达他的感谢，可能他也不知道要怎么去感谢，他会想到要不去给买点儿水果吧，总之就是他要通过各种方式表达感谢。

这种日常的帮助，可能我自己觉得没有什么，因为我已经习惯化，对每一个服务对象，我都会这样。这可能是职业所在，反正是已经很习惯了。但后来想想，这种日常性的帮助对于一个案主来说，都是新的，可能他都会有深刻的感受。其实前段时间我们也在讨论，应该记下来是哪一个点促使了你跟案主之间关系发生了明显的改善，但是平时真的没有注意。有的时候真的是一个很小很小的一个细节。

访谈者：对，我觉得社会工作者，因为他就是不停地和人打交道，所以就是这种点的触发会很……

受访者：对，有可能是我在跟他一起走路的过程中，有可能是在我陪着他一起做小组活动做手工的过程中，有可能是他跟我讲什么问题的时候觉得我很能够理解他，也有可能是做这些的时候潜移默化地发生着作用，这个真的不好说。

长时间的真诚投入是社会工作者在实践中最基本的一种关系建立方式，在“长时间”的过程中，形成信任，建立关系。我们在访谈中发现，不同领域的社会工作者都谈到自己实践中的这种体会。例如：

医务领域的社会工作者(HZ009)：“基本上我们每天都会跟他接触到，从刚开始了解他的情况、评估他的经历、心理、家庭、工作等各个方面的情况，慢慢地他有工伤相应的需求会找我，我每天也会去他们训练的场所和他们待在一块，这个可能就是慢慢相处的过程中的一种信任吧。”

社区社会工作者(CB007 - W)：“经常去探访，一次不行就两次，两次不行就三次，总归会有些东西可以表露出来对吧？这其实也是我们和服务对象建立关系的一个过程，每次我们都会去跟这些老人家就一些安全问题进行沟通，那比如说我去告诉他，你尽量不要锁门，对吧？还有就是你不要特别就比如说太晚出去或者怎么样，还有你们自己在路上也要注意安全，等等。”

在中国这一公私界限较为模糊的“差序格局”社会中，我们做事情讲求攀关系、讲交情。[1] 在社会工作一线实务中，人情互动不仅体现在我国

① 费孝通. 乡土中国[M]. 北京：北京大学出版社，1998.

长久以来的人情文化，还体现在基于认识、熟悉、陪伴、帮助等“情分”建立起来的“关系”和“信任”。而情分的建立基础主要来自“每天接触”“朝夕相处”，来自社会工作者长时间的投入。此外，“及时的回复、回应、回馈”“与服务对象进行非正式的交流与沟通”也是长时间投入的具体表现。

长时间的投入在研究者参与观察的过程中也有体现，在追踪观察研究过程中，我们总是能看到服务过程中社会工作者的身影，要么是参与其中，要么是默默陪伴，要么是时时照顾……“狂刷存在感”。长时间的投入背后，投入的不仅有时间和精力，更有心血和感情，用投入来换取服务对象的信任和理解，并建立关系。

（三）目的性的关系建立

社会是一个复杂的网络，而社区则是这一复杂网络最好的体现场域。以社区社会工作为例，我们可以看到社区社会工作者在服务过程中，需要将大量的时间、精力花在关系建立上，可见“关系”在顺利推进社区服务过程中的重要性。因社区社会工作服务中，服务人群的多样性、服务范围的广泛性，以及社会工作者需要进行沟通的主体有多个等原因，在社区社会工作服务中，社会工作者需要建立的关系就呈现出复杂性。为顺利有效地开展服务实践，很多社会工作者就以明确的目的（或者功利）性来建立关系。在访谈过程中，社区社会工作者用“妥协”“曲线救国”“迂回战术”“拍马屁”“花心思”“搞关系”“多熟悉”“入乡随俗”“情分”等词形容关系建立的实务经验，可见这些关于关系的实务经验其生成因素的复杂程度以及社区社会工作过程中的目的性。

社会工作者（CL008－W）在谈到自己的经验时，说：

“比如说对方是老龄办的，而你的项目是需要做一些老龄服务的……从某个角度来讲，你可以先了解一下老龄办是做什么的，或者是他们（老龄办）做过什么，他们还想做什么对吧。还想做什么，你是可以跟他聊的，但是做过什么你可以从别人那里知晓……然后和对方聊他们的项目，我说我知道你们原来做过什么什么，可能对他来讲他就会觉得‘唉，其实你还准备了一些，或者说我还知道他们干了一些事情’，或者是我们知道那个事情他做得蛮好，那其实我们也可以就是说得粗俗一点，就是拍拍马屁，但是其实这也是个技巧，就是我们对他的那个活动表示很欣赏，可能他听起来也舒服对吧。”

在建立关系过程中，作为服务的提供方，社会工作者一方面应当真诚、热情、主动，另一方也可以稍加实务“技巧”，他们将之戏称为“拍马屁”行为，以“巧妙地获取对方的共鸣”。在了解对方已有服务及成果、服务期待的基础上，通过探讨共同话题，进而在产生想法共鸣的同时建立关系，这是一种有目的的关系建立，它有助于服务双方建立良好的信任关系，也有助于社会工作者更加翔实地了解并精确定位服务需求。这种有目的的关系建立更多地会体现在社会工作者与一些重要人物或机构建立的关系中。例如社会工作者（CC009 - W）认为在社区服务中，需要重视居委书记的影响力，她谈道：

“跟服务对象建立信任关系其实就是靠前几次活动的一个培养，因为首先是这样的，我们这个项目要能跟服务对象建立起信任关系，其实还需要真正深入居委会去建立的。而要跟居委会建立一个信任关系，根本地还是要跟居委会的书记建立一个信任关系，因为我们的服务对象是志愿者团队嘛，肯定志愿者团队都是居委会挖掘出来的嘛，所以说首先要跟社区居委会建立信任关系。跟居委会建立关系时，如果作为居委会主要负责人的书记觉得你这个项目对他们是有帮助的，觉得你的项目很好，那他们就有动力去申报这个项目，所以说要深入居委会去了解他们居委会的一个实际情况。还有这也就是一个需求调研的过程。其实我觉得需求调研是一定要深入到社区里面的居委去的，其实居委会的信息真的很全面。”

在建立关系方面，社区社会工作者在一线实务过程中不仅要与直接服务对象建立关系，而且还要花心思与直接服务对象所在居委会尤其是居委会书记建立关系，可见，居委会在居民生活中的影响力较大。一个有威望的、有能力的居委会书记不仅会直接影响社区社会工作者与直接服务对象之间信任关系的建立速度与质量，而且在很大程度上也影响着服务需求精确与否、服务项目能否落地等关键问题。从这个角度上讲，居委会书记是建立关系过程中的关键人物之一。

另外，在社会工作服务实践中，一些关键性人物，例如志愿者骨干等，也是社会工作者有目的建立关系的对象。如社会工作者（CC009 - W）把发掘骨干，建立和骨干的关系，作为项目落地和实施的主要工作，她说：

“你如果想在社区里面开展活动，其实你是一定要有一个联络人在那里的，不管你是针对社区里面的团队还是搞什么其他活动，你比如说他们统战这一块，其实就是抓好社区里面的主要联络人，然后这个社区的统战工作基本上就是能抓起来……他们统战是少数民族这边有一个联络人，然后负责华侨这边也是有一个联络人，也就是要把两个人抓起来，如果这两个人能够配合你做事情，并且知道他们常规事务在没有你的情况下也能够知道自己要做什么事情并独立完成，他们就可以独立地进行运作。你在社区侨台的、民族的这一部分的信息就基本都掌握了……你要跟上下两方面的人去对接，而且说如果你是服务社区居民的，你就去找居民带头人，就找那种比较有号召力、有影响力的那种，你就会比较好做。”

在人力、物力、财力、时间等投入资本有限的情况下，社会工作者如何更好更快地抓住工作的关键点、要害点，从而较为经济地实现服务期待，就需要在一线实务工作中，有目的性地选择一批有号召力、影响力的人建立关系，组建一支联络员队伍，并在此基础上建立培养一支自治能力较好的联络员队伍，需要社会工作者有目的地建立关系。

社会工作的实然存在形态是嵌入式的，社会工作者嵌入实际服务具有明显的“物理性”，是一种外来物的进入。[①] 而社会工作者要想嵌入复杂的社区场域中，其嵌入的深度在很大程度取决于信任关系的深入与否。[②] 因此，社会工作者需要有和谐的人际关系来保障服务的嵌入与融入。一般来说，目的性的关系建立有三个特点：首先，关系的建立需要时间。任何关系的建立都是从陌生到了解，任何了解的过程都需要随着时间推移，通过双方努力来达成。当然，结果可能是信任关系建立并越发紧密，也可能是信任关系建立的失败。为尽可能建立信任关系，社区社会工作者会通过需求调研、精力投入、及时沟通与反馈等互动方式，与多个相关方进行情感联结，进而实现多方力量的通力合作与资源联动。其次，关系的建立是由点到面的扩大过程。以社区社会工作为例，社区社会工作者会优先与街道的项目对接人进行关系建立，并借助街道对接人在居委当中的公信力、影响力来促成与居委会书记或干部的会面、沟通。之后在居委会书记或干部的引荐下，大致优先关注一些参与活动热心积极、号召力大的服务对象，进行优先接触与重点联络感情，而后扩大至全体服务对象。再次，关系建立是基于情感纽带。在目的性关系中，虽然关系的主体之间有特定的工作联系，但在建立关系时，社会工作者常通过私人性的情感投入，获得对方的认同与回报，从而建立与稳定关系。最后，关系的建立有强关系也有弱关系。相较而言，一些具备领导力的个体或领导者，如

① 王思斌. 中国社会工作的嵌入性发展[J]. 社会科学战线，2011(2).

② 朱健刚，陈安娜. 嵌入中的专业社会工作与街区权力关系——对一个政府购买服务项目的个案分析[J]. 社会学研究，2013(1).

街道对接人、居委会书记或干部、社区服务热心人士属于社区社会工作者力图建立的强关系范畴，其联络更加紧密，并为实现更大范围的社会联结——关注全体服务对象，建立了桥梁与纽带。

总之，关系在社会工作实践中非常重要，在中国社会工作实践中尤其如此。在中国“人情社会”“乡土社会”“地缘社会”等多种人情互动文化中，社会工作实务中不可避免受到中国传统文化的影响。人情互动文化作为中国文化的组成部分，是中国社会工作者一线实务经验的萌芽及生成“土壤”，对社会工作者的主观服务伦理与原则、主体服务方式与能力需求，均有深远持久的影响。通过访谈可以发现，“拍马屁”“说好听的话”“提前做功课以准备谈资”是受访对象在谈及与服务对象建立关系的一些个人实践性经验。无论是“拍马屁”还是“说好听的话”实质上都是“投服务对象所好”的一种行为，有“投机”的意味在其中，属于目的性关系的建立。这种关系在表面上与西方社会工作界遵循的伦理守则，也就是强调专业关系，有一定差异，中国式关系有时不但有失中立、专业，还有些刻意地投机夹杂其中。但在实然的社区工作服务情境中，这种带有博得服务对象好感的服务方式是社区社会工作者在建立信任关系与推进过程服务中运用十分灵活且普遍的实务经验。这不得不说是中国特色的实践性知识，也是中国独有的传统文化活的运用。在我国，古有儒家文化“五常之一”的“信”之说，今有费孝通先生“差序格局”的“人情”和“关系”之说。在交往过程中，我们会从血缘、地缘、业缘等多重关系的亲疏远近来进行交往。[①] 基于这样的文化传统，在生活中遇到困难、有服务需求的时候，服务对象首先想到的不是社会工作者，而是本着“先熟人，后生人”的选择偏好，服务对象首先选择和自己亲近的、与自己有关系的人，而后选择求助专业的社会工作者。为了更好地达成稳固的服务关系，社会工作者与服务对象之

① 费孝通. 乡土中国[M]. 北京：北京大学出版社，1998.

间有目的性地建立和维持关系,有其内在的社会文化必然性。

二、"接地气"

"地气"出自《礼记·月令》,孟春三月,"天气下降,地气上腾"。"接地气"在口语中指接近现实,能反映现实情况。"接地气"频频出现在一线社会工作者语言中,类似的表达还有"打成一片""灵活""对接""对得上""实际情况""实地调研",等等。其核心意思主要是指社会工作者所说的和所做的要与实际情况一致,这是代表社会工作者是否成熟的一个角度,也是实践性知识本身得以发展的现实基础。

因此,在社会工作服务实践中,需要具备的一个重要基础就是"接地气"。恰如社会工作者(CL011－W)所言:

一个项目写出来,写一个标的一百万元的项目也就用一个礼拜,但其中的思路其实主要还是自己想的。如果这是在没有真正经过实际调研或者对这个区域可能不那么了解的情况下所写的这个项目,其实可能就会跟这个区域的实际情况是有冲突的,当然如果这个项目真的实施去做的话,就会更难了。比如说曾有一个项目书,设计了一个活动,计划要有200人参加,但其实这个地区的实际情况是他们业委会所有的人加起来也没有200人,那你怎么办,那你哪里来这么多人?这样的项目书的落地性就比较差。所以我认为一定要接地气,就是说如果你要做项目的话,一定要了解这个地方的实际情况,后面才能实施。而要保证项目的活动都能够按照项目书里面的计划开展的话,就需要以深入的实地调研为前提。

而接下来,要使项目落地,确定联络人也很重要。对下要找到社区里的联络人,最直接的联络人,然后对上也要找到那个联络人。要跟上下两方面的人去对接。比如,如果是服务社区居民的,那就要找到居民带头人,就找那种比较有号召力、有影响力的那种,那接下来的工作就会比较好做。找到联络人，就可以把任务下放，下放给联络人，让那个带头的联络人去帮助实施。因为其实联络人和周围的居民是比较熟的，而作为项目负责人的社会工作者跟他们其实并不认识。还是那个道理，就是反正你在这几个小区里面找到了那种比较有威望的并且有很热心参加社区活动的人，把他们召集起来了，他们会带动一部分人来的，然后前期第一年的活动把这个都做顺了，之后第二年活动也就比较顺了。

另外，要使项目较好落地，还要注意和街道的需求能够一致。就是说至少要有一些点是要跟街道对得上的，这样才能得到街道的支持。如果无法对接街道的需求，那后面的活动就很难开展。所以项目要接地气，就是要能和一线的需求对接上，要找到它的需求点，或者说要考虑街道的利益。即使和你对接的是某个街道的负责人，那他所表述的需求也基本能代表他所在单位的需求，因为他身在这个职位上，他肯定也是要做他这个岗位的事情的。因此，当我们和他谈想要做的活动时，就要跟他谈这个活动能帮他完成哪些目标。

比如，以学校社会工作者为例，当一个项目刚开始要进驻学校的时候，你硬要去跟学校的负责人强调说个案啊、小组啊，人家不熟悉啊，这就会比较难和别人打成一片，那不如就是用一些比较通俗易懂的方式去跟他们解释我们的服务内容、服务的目是什么，这样会更容易让学校的老师接受。就比如我们一开始会开展一些小朋友的小组，不要跟校长去说我们要开展一个小组啊什么的，那我们会去跟校长分析最近在学校观察到的一些现象，我们可以通过一些什么样的活动形式让小朋友集中在一起，做些什么活动可以去缓解和调节。刚开始我们可以针对青少年生理发展这一块，校长也可以看看效果怎么样，如果觉得 OK，那我们再推出班级的团体类活动，这样子一点一点去影响他们，然后用一些比较能够为大众所接受的方式去传递专业的社会工作理念，这样项目的推进就会一步步落实了。

在本案例中，社会工作者从分析已有的项目入手，提到了如何结合现实，根据现实来做好当下的工作，这样一种工作需要调研，以充分了解社区的实际情况；需要对下对接，找到能落地的带头人；需要对上对接，利益一致获得政府部门的支持；需要推广，通俗的语言让对方都能理解；等等。在这样的一个过程中，即便不是社会工作者自己开发的项目，而是直接承接而来的，看似无法做，但是在“接地气”的过程中，社会工作者通过一步步的工作分解，关系沟通，就会使项目落地并获得实施。

这样的一种“接地气”是源自一定时间的一线积累，对于刚毕业的实习生来说，一上来工作就能“接地气”也是一种极大的挑战。因此“接地气”就成为新手和资深社会工作者的差别所在。如社会工作者(CZ0010)所言：

小 H，MSW 硕士毕业生，进入一家社会工作机构工作。当时他负责的是一个大学生项目，其中很重要一个内容，就是考察大学生的职业规划与工作之后工资收入的关系，但其实第一次开展活动的时候，他才发现服务对象根本不是大学生，而是助残员，而且他们工资的增长主要不是个人奋斗的原因，而是其他因素，比如每年工资会例行上调一次。他一下子就觉得这个项目做不了，没法做。而且当时那个主管也没有和他说清楚，他可能有点儿情绪在。实际上这个项目在拿到以后，我们也发现了很多问题，比如立项就有立错的，但难道你就不做了吗？合同都签了，你对这个机构负责人说“因为这个立项有问题，我不做了”。那这就是个很严重的问题，机构可能会觉得你在惹麻烦，肯定对你没有好言好语的。而且，另外一点，机构在这个项目上已经做了第二年了，之前就这么做的，没什么太大问题，机构就觉得之前就是这么做的啊，也没什么问题，而且觉得它也不是一个十分重要的项目，你去做就好了。机构会觉得这不是一件大事，你为什么要小题大做呢。其实说实在的，这个项目确实有问题，机构的态度也有问题。

但对于小H来说，他来这边只有一张文凭，而且还在见习期，这样一个身份，提出对项目的质疑，对机构环境、机构生态来说都是一个挑战，所以得不到很多人的支持，他就很苦恼。当时我跟他解释：“你首先要在机构立足，你能立足的原因或者根基就是你能把这个项目做好。这个项目确实有问题，你要找人群，如果你觉得服务人群不对，那你就可以自己找，但是你有人脉去找吗，或者你有方式去找吗？原来的机构负责人也就只能通过自己的人脉找到助残员，那你呢，你既然提出来这个项目的问题，你有科研精神，那好，你自己去找。”但作为刚毕业的大学生，他哪里能那么容易找到服务对象呢，所以只能说他发现了问题但是没有解决问题的能力。也就是说，他提出来的这些问题，从专业的角度来说是正确的，但是他没办法落地，反而挑战了机构的权威。这类似很多情况下，刚毕业的学生都会犯的一个错误，就是觉得事情不对而不是自己不对。后面我再和他沟通的时候就说：“你如果想提出一些建议的话，你起码要先在机构立足，那你立足的根本就是你的项目要有一点成绩。如果真觉得人群不对，不妨先和已有的服务对象做朋友，和助残员交了好朋友以后，你能不能通过他们的关系找到你真正需要的服务对象呢？而如果你能和助残员建立良好的服务关系，你就需要很好地了解对方的需求，了解他到底想要什么，需要你设计的活动是真正吸引人的，做的服务是真实有效的，是真的帮到他们了，这是你目前能做到的事情。如果这样子的话，那你到中后半段，说不定就能引入一些你真正的、合适的服务人群进来。这实际上也是迂回的，打了一个战术，你真正找到了你需要的人，而且也不会得罪机构的人。”

所以，我总结出的一点就是，刚毕业的大学生刚进机构的时候，往往会觉得很多东西都不对，跟自己学到的不对，跟自己的专业不对。但是如何去做，常常自己又没有明确的思路和能力去解决这些问题。总之就是批判性很强，但建设性不足。如果真是能做到“接地气”的话，自己就要认真想想如何能好好完成当下这个项目内容。其实项目只是给你定了个大框架，具体开展什么活动、怎么开展并没有限制，这是发挥自己主动性的地方，可能辛苦半年理顺思路，剩下的半年就可以按照自己的思路去做。之前是证明能力，之后是发挥专业性。

现实的社会工作服务实践场域与高校课堂的教学案例有着巨大的差异，在这种情况下，如何衔接两者之间的关系，既以高校的专业来推进实践的专业化，也能在实践中获得新的提升，对社会工作者是一种考验。实践中的“接地气”是当前社会工作专业发展的初级阶段，保障和推进社会工作发展的策略，也是一个需要思考的社会工作专业发展的方向。如何“接地气”，如何在“接地气”的过程中显示专业性？实践性知识的积累是解决这些问题的必由之路。

第二节　操作类实践性知识

在社会工作的服务过程中，实务技能起着重要作用，它不仅有助于建立起社会工作者和服务对象之间的关系，也有助于服务对象认识问题和解决问题。实务技能一般分为影响性技能和反应性技能。影响性技能主要是指积极关注、真诚、尊重和温暖等，这些技能作为基本原则性的技能，有助于社会工作者和服务对象之间良好关系的建立，从而为顺利进入实务服务奠定基础；反应性技能主要包括同感、反应、澄清、具体化、摘要、总结、质疑等一些会谈中的常用技术，这些技能有助于在会谈的过程中推进服务对象对问题的认识并进入问题解决的过程。但是在一线社会工作者具体使用这些技能的时候，仍然需要结合具体情境，进行创造性的使用，并能够在已有技术的基础上不断创生自己对这些技术的实践性理解，形成自己稳定的会谈风格与技术。这一方面是服务实践的内在需求，另一方面也是技术本身运用于不同服务对象所产生的效果而决定的。

一、“同感”的课堂讨论

同感(empathy)，表达人们把自己真实的心灵感受主动地投射到自己所看到的事物上的一种现象。它真正受到社会工作服务领域的关注是从罗杰斯开始的。罗杰斯认为，心理咨询和治疗要实现来访者人格的改变，需要具备三个核心的治疗条件，即真诚、无条件积极关注和同感。

作为社会工作的基本技术之一，同感有时也称为同理心、共感、投情、移情、共情、神入。同感就是设身处地以另一个人的思想与情感去感受、体会周围的人和事物，它以真诚和平等待人为先决条件，强调对他人情绪的正确感知，并且感知越深入，越容易与他人建立同感。同感还需要将自己所感知到的他人情绪与对方进行反馈与沟通。一般来说，同感的基本表达公式是“你很……(情绪词)，因为……(事件)”。同感因对对方情绪感受深度的差异，可以分为五个由低到高的层次：第一个同感层次是，社会工作者依据自己而非服务对象的主观参照标准进行回应对方。这完全无法反映出服务对象的感受，因而此层次的反应被视为无效的沟通；第二个同感层次是，社会工作者仅部分反应或了解服务对象的陈述和感受；第三个同感层次是，社会工作者正确的了解服务的陈述和感受，此层次也被视为基本的助人技巧层次，因为有效的助人过程是由此开始；第四个同感层次是，社会工作者同时专注于服务对象表达的内容和感受；第五个同感层次是，社会工作者除了正确了解服务对象全部的感受外，也能掌握服务对象情绪的严重程度，并了解服务对象内在深层的感受。

对于这样一种社会工作实务基本技术，处于学校培养阶段的大学生，也会基于自己生活实践的体会和对中国社会文化的理解，提出自己的看法和评价。比如在研究者所教授的个案社会工作这门课中，对于“同感”这个技术，学生们提出了他们的质疑和思考：“社会工作者为什么一定要把自己所感受到的服务对象的情绪表达出来呢？如果自己是服务对象的话，会感觉社会工作者这么表达会特别生硬，不太容易让人接受。”这样的质疑反映出：首先，他们觉得，这一技术太模式化了，社会工作者一定要用“情绪＋原因”的表述方式，去表达这种同感感受，对表达来说是一种框限；其次，从情感性上来说，他们认为对负面情绪同感表达，无论对作为表达者的社会工作者来说，还是作为接受者的服务对象而言，都有一定的压力。他们认为同感技术中这种对情绪的表达和文化有着直接的关系。西方的文化中对情绪的表达非常直接，而中国文化强调的是含蓄，因此基于中国的文化背景，学生们认为未必一定要遵从西方的做法。下面是他们所发表的具体看法：

S1：“我觉得社会工作者自己分析就可以了，不需要把所有同感情绪都向服务对象确认，像埋怨这类情绪，不用说出来，只要自己感受到就可以了。”

S2：“我也觉得未必把同感的情绪，跟服务对象挑明，可以间接地表达出来，比如在了解了服务对象的问题之后，社会工作者总要帮他想解决的办法，在想办法的时候可以把同感的情绪加进去。”

S3：“就是感觉这样的对话太过于深入，不自然，让人觉得怪怪的。”

S4：“我觉得其实有时候只要服务对象看到你真的为他着想，就可以了，同感情绪的表达，未必非要用这么刻板的模式表达出来。”

S5：“看情况吧，那种像怨恨的情绪啊，社会工作者可以不用直接地表达出来吧。”

S6：“我觉得社会工作者同感到的负向情绪，尽量不要表达，表达出来，反而对服务对象是一种强化，让他更加觉得自己就是这样的。”

S7：“对啊，服务对象本来可能没觉得自己有多大的埋怨情绪，社会工作者如果同感到这种情绪，并说出来的话，服务对象可能就会觉得，‘哦，我就是这样的。’”

S8:“而且我觉得服务对象心中存着负面情绪，在社会工作者触到他的痛处时，他可能就会回避，这可能对会谈不太有利，可能会影响会谈的顺利开展。”

S9:“其实我觉得还是循序渐进适可而止地表达同感情绪比较好。”

S10:“有些东西太直白说出来会让人家很难受的呀。”

S11:“而且如果我是服务对象，社会工作者直接说出他所同感到的我的情绪，我会觉得我被分析了。”

S12:“对，就显得我这个人不太好的样子。”

S13:“服务对象所需求的可能不是让社会工作者分析他的不快乐和怨恨，可能更实际的是如果有效地解决他所面临的问题，所以社会工作者说出同感情绪，实际上对服务对象的最终目标是没意义的。”

S14:“社会工作者最好不要那么直白地对服务对象表达同感的情绪，比如说‘哎，我觉得你怎样怎样。’这样可能让服务对象很尴尬。”

S15:“我觉得同感情绪的表达，怎么说呢，可以隐藏在各个方面，不一定非要把这个情绪直白地说出来，可以通过语气啊，表述一件事的用词、态度啊，间接地、含蓄地表达出来，不一定非得直白说出来。”

S16:“我们学习同感这个技术的目的在哪里呢？是为了理解服务对象的心情，而理解服务对象的心情，又是为了什么呢？是希望对他的未来有一个引导的作用，那是不是社会工作者只需实现这个引导就好了，对服务对象的同感理解只要我们内化就好了？”

S17:“对的，我认为对服务对象的引导，有一部分是为了他们能更好地认识自我，但是那种负面的自我，他应该自己知道就可以了，不用我们直白地指出来。”

S18:“我觉得同感是社会工作者觉得服务对象的情绪怎么样，可能服务对象自己未必完全就是这样的。比如，愤怒的情绪，如果会谈一开始就问你是不是很愤怒，他可能会比较很生气你一来就问。是不是可以等到在后面的谈话中，社会工作者慢慢确定服务对象的这个情绪，然后再通过合适的方式表达出来。”

S19：“同感，我觉得就是社会工作者对服务对象情绪的感受和理解，但是在社会工作服务过程中，有的一部分人可能说是来寻求理解的，但有的人却是希望能帮他解决问题，就是说社会工作者可能理解他了，但这未必有多么重要，重要的是帮他解决问题。”

S20：“其实我觉得这里面有一种暗示性的引导，当社会工作者问服务对象‘你是不是这样，你感觉怎样’，这就会给服务对象一个引导，让他去想‘我是不是这样的’，我觉得更多应该是在谈话中让他自己反映出自己的情绪，让他自己说出来。”

S21：“我认为社会工作者不要去直接问服务对象，最好就让他自己间接地把情绪说出来，然后通过他的表述去判断她是什么情况，然后再将他的某种情绪进行疏导，这样可能对他更有价值 。”

S22：“我觉得同感的作用是不是说服务对象有一些很负面的情绪，比如说埋怨、怨恨，然后社会工作者表示出对这种情绪的理解，说明这些情绪也是合情合理的，也是能被接纳的。但是在中国的语境中，如果直接和她说出来的话，总觉得有一点奇怪，是不是可以考虑换别的一方式让他感受到这种理解呢？”

S23：“服务对象在表达自己情绪的时候，是不是也处于一种混乱的状态，所以社会工作者在和他交流的时候，帮他疏理一下她的情绪是什么，是有必要的。但在中国的文化背景中，又感觉这样做不是很自然，像医生给病人看病似的。感觉很矛盾啊。”

S24：“但是，也许服务对象本来没有意识到比如他自己愤怒的情绪，可能还好，经社会工作者一说，他会不会把这种愤怒扩大，反而对他不好了呢?”

S25:“社会工作者是不是可以以一种疑问的方式,来和服务对象交流这种同感的情绪,比如:‘你对这种情况是不是感到很愤怒,你觉得是不是这样的感受?’就是以一种疑问的方式来达到一种情感的确认,让服务对象既能够觉得被理解,也对自己的情绪有一个直观的反思。”

同感技术作为社会工作实务课程中必讲的一个知识点,引发了同学们在课堂上的深入讨论,这一讨论反映了源于西方的技术模式在我们现实情境中运用可能会遇到的问题。事实上,英国学者艾洛特(M. Eraut)认为,“在新的背景下解释性地使用一个观点本身就是知识创造的一个行为”。[①] 我们需要结合情境使用所学思想观点以及理论,合理地发展和完善这些思想观点和理论,使其能迁移到不同的情境中,并确保迁移后的契合性,从而在这个过程中创生出新的知识。虽然同学们的讨论,不是基于他们最直接的社会工作服务实践,他们还没有正式进入实践阶段,还处在职前培养的阶段,但是他们的这种讨论,是基于他们在中国文化处境中的生活经验、成长经验,因此,从广义上看,这种讨论仍然是基于实践的。而且,这种职前的讨论,使他们形成了一种意识,即西方的社会工作服务技术,有其自己的社会文化基础,用在中国的文化背景中,未必是合适的,我们需要结合自己的文化背景,以这些技术为参照,建构更具中国文化契合性的社会工作服务技术。这从而也为他们以后走上服务实践岗位,更加自觉有意识地创生实践性知识奠定了坚实的基础。

二、把握契机性事件

在实践中,社会工作者发现“服务对象真正出现变化,往往会以某个

① Eraut M. *Developing Professional Knowledge and Competence* [M]. London: Falmer Press, 1994.

发生在她身上的事情为契机，社会工作者抓住这样的契机，往往能使服务工作柳暗花明，服务对象会产生对你的认同和信任，整个工作都会一下子顺利起来。”而这样一件事情就成为一种转变契机，需要社会工作者敏锐与及时地识别和把握。

例如，在禁毒社会工作领域中，社会工作者和服务对象之间一开始常常处于一种不平衡状态，这是因为服务对象是被司法部门转介而来的，而社会工作者一定程度上是代表“官方”的。因此，不少服务对象往往采用“人户脱离”，对社会工作者“躲避不见”或者“敷衍了事”，尤其是反复吸毒的服务对象对社会工作者的探访并没有太多好感和认同。但是，吸毒人员从戒毒所出来之后，多处于“众叛亲离”“生活无助”“未来无望”的生活状态，他们或抱怨社会，或自怨自艾。在遇到困难的时候，他们的无助感就会显现，此时社会工作者的出现和帮助，对他们来说，就是救命的稻草。因此，把握这类时机就成为有利于推动服务对象改变和推进服务实践有效开展的契机。在社会工作者(DW003)的服务过程中，服务对象 XX 的转变就是建立在他对这种契机性事件的及时把握基础之上。

××吸毒前曾拥有一个令人羡慕的家庭，有一个漂亮乖巧的女儿和一份体面的工作，家庭经济条件优越。但因陷入毒友圈，在毒魔的驱使下，××丧失了作为母亲应尽的责任。某日在××外出后，丈夫因急于找寻吸毒的××，途中遭遇车祸死亡。丈夫的死亡，一下子让××彻底从毒魔手中挣脱出来，她醒了，看着年幼的女儿月月，看着年迈的父母，她主动提出要去戒毒。进入强戒所后，社会工作者通过“心桥工程”的介入，提供有效的所内外联合帮教的模式，鸿雁传书，送温情，将××家人的情况及时与她沟通联系，提高××的戒毒信心，让××安心在强戒所戒毒。××的改变也是从强戒所开始的，她努力学习文化知识，服从所内的管教，积极戒毒，争取早日回家。出所后的××重拾家庭的温暖，孩子给予的爱，增添了她生活下去的信心。社会工作者帮助她重新规划自己的人生，促进她了解和发挥个人的优势，积极就业。在各方的帮助协调下，××成功就业，一个人担负起家庭的责任，凤凰涅槃，重新开始她的人生。

在这个案例中，家人突然过世，惊醒了服务对象。社会工作者敏锐把握了这一契机性事件，意识到可以把这一事件转化为促进她转变的“有效的推动资源”，以情打动服务对象，最终真的推动了服务对象的改变。这种契机性事件在社会工作服务中普遍存在，当然并非一定是人命关天的大事，也可能是一个偶然的想法。在社会工作者(DS004)的服务实践中，就是把握了一件看似微小，转瞬即逝的一个机会，最终推动了服务对象的改变。

也是一个很偶然的机会，我看到服务对象用爱心去帮助别人的一个小细节，我建议她考虑一下，是否可以去尝试做一些志愿者的工作，因为她在家里也没事情做。我恰好有这样一个资源，于是帮她在社区里找到了这样一个合适的岗位，让她去做一个没有报酬的志愿者。没想到这是一个非常好的积极转变的开始。自从她做了志愿者之后，她想要去读一点书来充实自己，于是学了一些职业培训方面的知识。最重要的一点，她觉得社会工作这个专业能帮助到她。那个时候，我记得考社会工作者证书也蛮火，因此她也想去考考看，我觉得可以鼓励她试试。因此我就跟她一起分享了我的感受，我认为社会工作不单是我的一份工作，我更觉得它让我知道了怎么去处理家庭关系、处理亲子关系等。最后，她还真的就考过了，并且在街道里面找到了一个老年社会工作的岗位，然后整个人生的发展也慢慢好了起来。这对她来说是个真正的转变。

契机可以是上述一类的事件，也可能是一个提供服务的机会或平台。

如下述案例中提到的平台就是居委会、社区服务中心等一些机构，3月5号学雷锋日、社区大型活动等一些机会。社会工作者(CL012－W)在总结自己的服务经验时，介绍道：

“在服务过程中，尤其在服务对象还不认识你的阶段，社会工作者需要通过一些平台，如居委会、社区服务中心等，主动地把握住一些机会，尤其是社区当中一些大型的活动。比如上海很多社区3月5号都会举办学雷锋活动，在这一天会搞摆摊位活动，这个摊位是各个部门都来的。它们可能会选择3月5号当天，或者如果当天是周末，它们有可能会提前。到时候，就会有比如免费量血压或者免费咨询律师、法律援助啊，还有妇联等也会发宣传单。像我们去年就是抓住这个机会，做了反家暴社会工作宣传活动。

通过这样的活动，可以让很多人参与进来，他们有可能就是潜在服务对象，同时也会有很多人认识到我们。所以，这样的平台，这样的活动应该主动积极地参与进去。这样的话，一下子许多人就知道有社会工作者，他们就会有意识地了解我们，或者他们也会主动介绍自己。那以后见面，我就可以说：‘上次参加3月5号那个大活动的时候，其实我们见过一面的啊，或者说我们当时有一个摊位的，你去过的。’这样人家对你就不会太陌生了，有助于更好地建立关系或者说促成合作。否则如果很陌生，有的时候他们合作也害怕万一搞出什么事情了。我们参加政府的这种大型的、统一的活动，其实也就意味着是被政府认可的。这就是我在服务实践中所感觉的一个借助契机的经验，尤其是在我们的服务初期，怎么把自己推出去、宣传出去的一些经验，这些契机都很有用。”

由此可见，一个展示的机会与平台是社区社会工作者融入社区、走进服务对象的重要支持要素。是否能意识到并适时抓住机会，利用平台，把其作为一种契机就成为社会工作者服务成功的关键。积极借助影响力大、认可度高的机会与平台展示社会工作者的魅力与能力，不但有助于服务双方建立信任关系，亦有助于推进服务活动的参与度、深入度。

三、“灵活”

在社会工作服务过程中，服务对象是复杂多样性的，服务过程中涉及购买方、服务方、评估方等多方关系，也涉及与区政府、街道、居委、居民等方方面面的协调等，因此，很多社会工作者都体会到，服务实践中要有一定的灵活性。

以社区社会工作为例，购买方是社区社会工作的项目资金源，对接方或落地方是社区社会工作的间接服务对象和评估主体，服务对象（一般是居民）是社区社会工作者的直接服务接受者。在购买方、对接方、落地方、服务对象面前，社区社会工作者的专业角色很容易被弱化。为尽可能确保社区社会工作者的服务专业性，社区社会工作者需要“曲线救国”。比如社会工作者（CL012 - W）“尽可能找到一个各方都可妥协的点，大家各退一步，互相理解各自工作，互相支持”。另一方面，社区社会工作者会灵活采用服务方式，以需求为本，张弛有度。正如“但凡服务人的工作，都不能太生搬硬套搞一刀切，做服务还是要灵活一点”。这种灵活是以服务的有效达成为目标，以符合实践需求而进行的“曲线救国”。在访谈中，社会工作者（CW020 - W）在回顾自己项目完成过程中的经验时，说道：在我们的服务过程中，对接项目的一些镇政府或街道，经常会提出来，希望我们帮忙给他们写总结、写材料什么的。实事求是地讲，这些事情确实不应该是我们社会工作者应该做的，但其实我们在实务过程中拒绝提供这种“帮忙”的概率并不高。这主要取决于我们怎么看这种事儿，如果觉得这是对方硬派给我们的活儿，本来是他们自己的事儿，为什么要我们帮他们去做，就因为我们的项目在这边吗？如果这样想，就会觉得这是一种额外的负担，而且，也会有不少消极的情绪。但我们认为这恰恰是一种机会，在写材料的同时，结合项目落地方的实际情况、实际问题，把社会工作的服务理念植入其中，进而通过这种迂回的方式，对项目落地方的服务方向予以引导。因此，这就是对问题的一种灵活处理，就是“曲线救国”。[①]

四、说教

源于西方的社会工作专业服务强调“案主自决”，也就是遵循社会工作的专业价值和伦理，促进服务对象的自主性和决断性。在服务过程中，虽然也会提到“建议”这样一种实务技能，社会工作者通过提供自身经验或者换位思考的方式，给服务对象提供一定的建议，但是“案主自决”一直是社会工作服务的基本原则，“建议”的使用技巧也是基于案主自决，给予一定的方向性指导，但是最终的选择权仍是在案主自身。

但是在我国社会工作服务实践中，不少社会工作者却总结出另外一套与之相反实践性知识——“说教”，即社会工作者会站在服务对象的角度，“苦口婆心地说教”，这一说教方式对很多“迷失”的服务对象会产生一定的积极作用。尤其是当社会工作者与服务对象之间建立了良好的信任关系之后，这种方式的效果会更明显。

比如，在一线禁毒社会工作者看来，当他们服务吸毒人员的时候，无论其身边的家人还是所内的民警都已经讲过多次的道理，他们仍需要再次“提醒和说教”，以促进服务对象的改变。对于这种说教，一般而言，吸毒人员是回避的，效果不明显；但是当吸毒人员对未来燃起希望，或者吸毒人员迫切希望解决某些事情的时候，此时社会工作者使用说教方式，就能显现出一定的力量和效率。例如在社会工作者（DB004）的某次服务的日志记录中，写道：

---

① 温菁. 上海市社区社会工作者实务经验研究[D]. 上海：华东师范大学，2018.

我上次给我的一个服务对象推荐了一个工作单位，今天上午他参加了单位的面试，面试结束后他来找我。我见到他时，他一手支着腰，脸色不太好。我先问了他的身体情况，他说这两天下雨，腰疼的老毛病又犯了，而且还有点发烧，但能坚持。问及他的面试结果，他表示这次的岗位还是不错的，但由于自己提前准备不足，没当回事儿，面试单位也看他的状态不太好，又住得比较远，因此表示会安排别的工作。我当时听了，就有些着急，但我立马就意识到在这种情况下我要注意自己的语气和用词，并开始和他讨论了这次的面试。我说：面试应当坦诚，也需要注意技巧，有合适的岗位不容易，错过了不仅可惜，还浪费了时间精力。尽管对方承诺会再介绍工作，但具体什么时候落实不能保证，这种不确定可能会暂时影响到你自己的生活，包括居住、日常开销等。而且，健康状况不理想会影响后续分配的岗位。最后我提醒他，如果觉得某件事情对自己重要就要重视，要提前做足功课。他表示下次面试会注意。

这类“讲事实、摆道理”类的沟通方式在禁毒社会工作服务中特别常见。对此，从专业的角度看，似乎是社会工作者不够专业，不能同理服务对象，不能发挥服务对象的自主性，而是把自己的一些观念和观点输入给了服务对象。但是我们在访谈过程中却发现，禁毒社会工作者的这种看似“不专业”的技术，却频频被使用。因此，从积极的角度来看，这或许就是社会工作者在实践中总结积累出的实践性知识。吸毒者作为相对处于社会弱势层面的服务对象，当他们看到社会工作者真诚地为自己考虑，哪怕是“劝说”“说教”“批评”，都能使他们感受到被关心，这是为自己好，尤其是当他们陷入某些困境的时候，这样的沟通方式就会起到积极的效果。这恰如社会工作者（DL001）所言：“只要能让服务对象觉得你是真心为他好，怎么说都可以。”

五、“借力”

虽然社会工作服务实践直接的对象主要是接受服务的个体，但个体总是生活在具体的群体之中的，尤其是在中国，有着家族本位、集体主义传统的社会文化氛围，个体更是深受家庭、单位、组织的影响。因此，不少社会工作者都深刻认识到这一点，“借力”，借助家庭、单位、组织之力，以推进服务实践的实施，增强转变服务对象的效果。

首先，是借助家庭之力。家庭对每个人的成长都有着特定的意义，对于接受服务的服务对象来说，家庭的意义更加重要。在社会工作者的服务过程中，他们都意识到，利用家庭动力是促进服务对象改变的重要技术。在回顾自己成功的服务案例时，社会工作者（DF007）说道：

我有一个经历了7年吸毒且已经成功戒毒的案主WL，我觉得这个过程当中其实支持的最多的还是她的母亲。整个禁毒过程当中，她妈妈一直陪着她。因为妈妈是WL最亲密的人，能够观察她戒毒的整个过程。她妈妈会记录WL整个晚上的睡眠时间，并可以大体判断出她第二天的状态，包括她对毒品的渴望程度，包括她的生理病痛性反应。妈妈也会很担心地对WL说：“你有病痛了，你如果不以正确的方式去处理的话，你就只会想到用毒品麻醉自己；我可以陪你去看病，花多少钱没关系，我会帮助你一起解除这些病毒，用正确的方式去求医看病。”她记录WL的睡眠，她真的是晚上一点点帮她记录，她今天睡了多少小时，翻了多少次身，这段时间她的指标下降了还是增长了。在一个适量的指标范围中，WL的睡眠变化趋势。这是家人给我的帮助，如果家人和我的合作度比较高的话，我会从家属这边得到最新的信息，我会知道怎么样去针对她去切入去帮教。

重视家庭一直是中国文化的一部分。在社会工作服务过程中，相关的社会工作者都普遍认识到，从家庭入手，发挥家庭的支持性，增强服务对象对家庭温暖的感受，建立为家庭赢得荣誉的动机，可以有利于推动服务对象的改变。虽然在西方文化中，也强调家庭，如家庭治疗理论对家庭关系的看重等，但西方更多是侧重澄清案主与家庭的关系，驱动个体自我的发展；在实践中，社会工作者更多的是推动案主"为"家庭而改变。两者有一定差异。

其次，"借力"，还可以借助单位组织之力。在社会工作服务开展过程中，单单依靠社会工作机构自身的力量，往往服务方式、服务效果是相对受限的。为此，寻求外界力量，学会借助服务平台，以提升服务效果成为不少社会工作者的共识。正如社会工作者(CZ018 - W)所说：

"建立起和对接方的关系，实际上也是借对接方的力，给予我们社会工作一些支持。在这个基础上，我们再凭借自己的能力做出亮点来，反馈给他们，让他们可以看到成果，当然，也可以成为他们的成绩，或者说进一步激发出他们在这方面的需求，这样对接方会再次循环，可能会给我们一个更大的力量支持。

比如，如果我们了解到老龄办最近或今年其实想做一些什么事情，那么我们就可以把一些需求和实施策略跟他们的计划或想法结合起来。因为政府所面对的人群太大，单纯以一个社区来算，也要十几万人吧，他们其实很难做到精细化，可能做面上的活动比较多，所以他们在计划活动时常常不一定追求多么聚焦。但社会工作不一样，我们可以考虑到一些具体群体乃至个体的需求。可能政府需求的筐子太大了，比如举办一次老年运动会，政府不会想着是为哪个人，具体哪个老年人群，反正报名都可以自己能报的，只要符合他们列出的条件，比如说，没有以下疾病的都可以报，或者是居委推荐。但我们举办运动会，比如说我们专门聚焦的对象就是那些从来不出来的老人，或者是一些新独居老人，我们有这个概念，我们希望利用这个机会能让他们出来或者是我特别地邀请他们。我们的目标就是多请这样的一些人出来。可能对老龄办来说，它要面对整个社区，不会有这样聚焦的想法，而且它希望最好是身体好一点，年纪轻一点的人来参加活动。现在我们则是举办针对上述这个人群的服务活动，就可以利用老龄办这样的一个机会，借助它这个平台，把我们需要的服务对象请出来。这其实既不影响老龄办搞这个活动，也能完成我们自己要进行的活动。当然我们自己心里也要有点数，就是说也要评估一下哪些人确实是适合运动会这个形式，那我们就去请。当然，不能运动的人也可以来当观众。总之，借助政府的力量，看看到底他们想干什么，今年还有什么机会，有机会的话就借这个机会。如果没有机会的话，可以跟他们沟通我们想做个什么样的事情，然后您这边有没有一些相关平台可以做这个事情的。对方如果觉得'唉，正好我们可能什么什么样'，那么他就会跟你讲……其实这也是一个互惠互利的过程。"①

正如引用的案例所示，当前政府的服务仍然具有覆盖广、数量多的特征，其优势在于拥有权威性、公信力、丰富的资源及平台等；其不足在于其所关注的服务对象的需求筐子太大，这在很大程度上制约着政府做好精细化、个性化、专门化的服务。相比政府的优势与不足，社会工作机构正好与其相反，社会工作机构的优势在于服务对象聚焦、服务方式精细、服务过程专业；其不足在于资源有限，号召力、影响力、信任度较低。此外，双方在服务期待上也有所差别，政府或有关部门的服务期待更倾向关注参与人数多、活动场面及影响力大，是管理者站在引导、宣传和谐美好社会立场上的服务期待。而社会工作的服务期待更倾向于服务需求尽可能

① 温菁. 上海市社区社会工作者实务经验研究[D]. 上海：华东师范大学，2018.

实现，是服务者站在服务对象立场上的服务期待。在各自优势与不足显而易见的情况下，社会工作者通常都会尽可能借助政府或相关部门的力量，同时将自身的服务理念渗入其中。

社会工作在国内恢复重建以来，已经走过了30多年的路程，尤其是近10年来快速发展。但是在总结社会工作发展过程中，究竟我们积累了哪些知识时，我们不能列出系统的本土知识体系。这主要是因为在社会工作领域中，研究工作主要由高校研究者来承担，一方面，高校研究者对社会工作者所承担的大量直接工作缺乏充分体验和全面了解；另一方面，高校研究者常常运用从国外引入的社会工作理论来评价当前的社会工作实践。在这种状况下，高校进行的研究并不能很好地解决社会工作实践的复杂性，以及社会工作者在不同环境和不同期望下工作时遇到的困难，也不能有效总结一线社会工作者的实践性知识。事实上，直接从社会工作实践中发展出来的实践性知识是最有生命力和创新性的知识体系。当前关于知识和知识创造的话语体系中，一线实践者是缺席的。这反映了理论与实践之间存在的割裂关系，以及知识与研究之间关系的错位。当前一线社会工作者的“知识发展潜力未被充分利用”。[①] 这一方面是因他们的工作压力和资源等的限制，另一方面也因实践性知识本身所具有的难以明确阐释的实践语言特点所影响。未来我们需要进一步积极推动高校研究者和一线实践者之间的有效合作，只有合作共赢，才能更好地建构具有本土阐释力的社会工作知识体系。

---

① Eraut M. *Developing Professional Knowledge and Competence* [M]. London: Falmer Press, 1994.

第六章　社会工作者实践性知识的表征形式

作为在一线实践领域中生成的一种知识形态，社会工作者实践性知识的表征形式不同于书本教材中的理论知识。表征，作为呈现或表示事物的概念和符号方式，可以把抽象的事物具体化，把内在的东西外显化。“我们在阐释中不可能重铸别人的精神世界或经历别人的经历，而只能通过别人在构筑其世界和阐释现实时所用的概念和符号去理解他们。”①

表征是研究者和被研究者之间可以直接沟通的桥梁。表征包含了两个方面的含义：信息和对信息的加工。也就是说，既可以把表征理解为一种认知活动过程，即人们如何在大脑中建构、组合、表示当前学习的知识，这是表征的动态含义；也可以把表征理解为认知活动的结果，即知识或信息是以什么样的形式储存在大脑中的，这是表征的静态含义。因此，

① ［美］克利福德·吉尔兹. 地方性知识——阐释人类学论文集［C］. 王海龙，等译. 北京：中央编译出版社，2000.

表征既是过程与结果的统一，也是动态与静态的统一。[1] 通俗而言，表征就是代表、象征或表示另一事物的某种东西。

目前在认知心理学中，一般把表征类型分为以下四种。第一种，即认知地图，这是一种对综合环境经验的心理表征，主要包括顺序、方向、距离乃至时间关系等信息。第二种，即表象，是我们在想象某个人或某个东西出现的相关形象。它是人类心理表征的一个部分，是人们记忆中以往感觉经验重现后的具象化心智表征或创生。[2] 第三种，即图式，是人类对各种世界知识的一般性的抽象和概括并且作为认知单元存贮在内在的心理结构之中。第四种，即心理语言，可以分为形式表征和语义表征，其中形式表征是以知觉为基础的表征，包括语言的视觉和听觉（比如，语音和手势等）方面；语义表征则是形式所代表的认知内容，主要包括概念和命题。

在社会工作领域，借助表征，可以把社会工作者个体化、内隐性的实践性知识具体化、形象化，为我们更深入地了解和认识它提供了便利的渠道。考虑到社会工作领域，对实践性知识表征方式的研究相对薄弱，因此，一方面，本研究借鉴了目前研究相对比较成熟的教育学领域中对教师实践性知识表征的研究。在教育学领域，一般将实践性知识的表征形式分为意象、隐喻、实践规则、实践原则、个人哲学、周期和节奏、叙事等七类；[3]另一方面，本研究也结合了认知心理中对表征研究的发展，将表征看作是社会工作者对实践性知识的一种符号表达，是个体内部对实践性知识认知的一种抽象加工与概括。在大量的访谈调查基础上，我们提出了社会工作者实践性知识的四种表征方式，即意象表征、行动表征、语义表征及原则表征。

① 黄希庭. 简明心理学辞典[M]. 合肥：安徽人民出版社，2004.
② 史东方，李峰. 教学意象：教师实践性知识生成的新路径[J]. 上海教育科研，2017(12).
③ 姜美玲. 教师实践性知识研究[M]. 上海：华东师范大学出版社，2008.

第一节　意象表征和行动表征

一、意象表征

在心理学、哲学、文学、艺术、建筑等学科，意象就是指人们借助自己的回忆或想象，对经历过、存在的、未曾经历过，甚至不存在的事物在大脑中产生的图像，表现形式主要有“应该像什么”式的比喻、隐喻或者具体的在头脑内部所建构的图像等。① 根据 Elbaz 等的研究，在教育学领域，教师实践性知识的意象表征，可以概括为：教师内化于心并表现于教学行为中的对教育教学的形象化理解；教师的情感、价值观、需要和信念结合起来，形成了关于教学是怎样的意象。② 意象表征能够折射出教师“对于自身、教学、课堂情境和所教学科的基本理解”，是最具包容性、具有隐喻特征的概念，是“个人实践性知识中的个人的、元层次的、起到组织作用的概念，它体现了个人经验，并能在实践中得以表达表现，是教师理解新经验的视角”。③ 意象的存在特征为人们发挥想象力提供了广阔的思维空间，它不仅指示某个事理，而且代表着具有某种特殊意义的生活意象，因而可以触发人的情感，引起丰富而深沉的联想。④ 借助意象，我们可以获得社会工作者对实践性知识的形象表征。在社会工作领域中，已有研究对此领域的涉及甚少，我们的研究主要围绕着比较宏观的对象，例如对社会工作，对社会工作者的意象表征而开展。

① ［德］M·兰德曼．哲学人类学［M］．阎嘉，译．贵阳：贵州人民出版社，2006．

② Elbaz F. Teacher Thinking: Study of Practical Knowledge[M]. London: Croom Helme, 1983.

③ Clandinin D J, Connelly F M. Teachers' Personal Knowledge: What Counts as Personal in Studies of Personal[J]. Journal of Curriculum Studyies, 1987(19).

④ 姜美玲．教师实践性知识研究［M］．上海：华东师范大学出版社，2008．

（一）对社会工作的意象表征

不同职业的人对本职业有着不同的理解。社会工作职业在目前的发展现状、社会地位、价值理念等，都会影响社会工作者对自己职业的理解。在访谈中，社会工作者（AC001）常常使用具体的意象来凸显自己对社会工作的认识以及社会工作和其他的专业进行比较而显示出的本质特点。其中，一个常提到的意象，就是“拐杖”：

我除了喜欢把社会工作比作手机，还喜欢把社会工作比作拐杖。为什么呢？因为社会工作的核心理念是助人自助，其实拐杖也是助人自助。拐杖只有在腿不方便的时候，它可以撑你一把，你在腿不行的时候必须要用到它，你才能走路，否则靠自己不能走路。但是你腿好了就不用它了，你就可以把它放一边了。这不就是助人自助吗？这也就是我用拐杖来比喻社会工作的一个原因。

在这段访谈中，我们可以看到社会工作者对社会工作的认识：社会工作的助人自助的基本原则以及服务的阶段性。拐杖对一个有需要的人来说，是其独立行动的必需品，有了拐杖，一个行动受限的人就可以相对正常的发挥其社会功能，能独立行动；而一旦可以独立行动了，那么行动受限的人的问题也就减少了，服务对象获得了自主。社会工作者同样是以有需要的群体为对象开展服务，而这种群体的需求也是一个动态过程，一旦服务对象获得了满足，那么需求就消失了。从这个实践意义方面而言，社会工作者和拐杖有着同样的支持性和阶段性。拐杖的意象凸显了社会工作者对社会工作的本质把握。

（二）课堂社会工作意象与现实社会工作意象

为了更好地理解社会工作者对社会工作的意象，我们通过句子完成的形式，收集了 230 名一线社会工作者对“课堂中学习的社会工作”，以及

"现实工作中的社会工作"的意象。结果如表 6－1 所示。

表 6－1　对社会工作意象的高频关键字

序　号	课堂学习中的社会工作		现实工作中的社会工作	
	关键词	频　次	关键词	频　次
1	社会	14	志愿	7
2	工作	11	活动	6
3	理想	7	工作	6
4	专业	7	志愿者	6
5	天使	7	组织	6
6	帮助	6	社会工作者	5
7	职业	5	社会	4
8	助人	5	战士	4
9	心理	5	项目	4
10	问题	4	蜜蜂	4
11	超人	4	医生	3
12	救世	4	服务	3
13	服务	4	工作者	3
14	救世主	4	陀螺	3
15	研究	4	打杂	3
16	方法	3	执行	2
17	医生	3	理想	2
18	理想主义	3	行者	2
19	万能	3	胶水	2
20	能者	3		

源于课堂学习所形成的社会工作意象是一种理想型的意象。在调查中"如果进行比喻，你会把课堂中听到的'社会工作'想象成什么？"答案中出现的高频关键词主要是"解决社会问题的万金油""伟大的社会治疗师""理想的灯塔""天使""消防员""超人"等；而对"如果进行比喻，你认为当

前一线中的社会工作可以比喻成什么?”结果发现,对一线现实社会工作的意象,多是“社会医生”“社会的螺丝钉”“冲锋小战士”“项目执行的机器”“小蜜蜂”“不停旋转的陀螺”等。对这些意象进行分析,可以看出课堂学习中形成的“社会工作”意象与现实中的“社会工作”有着很大的差异;课堂学习中学生所建构的是一种高尚、全能的社会工作;而现实的社会工作却是低微、忙碌,甚至因忙碌而不知道目标所在的社会工作。

(三) 理想的社会工作者和现实的社会工作者的意象

理想的社会工作者意象和现实的社会工作者意象也存在很多差异。对此,我们以句子“如果打一个比方,你认为理想中的社会工作者像什么?”“如果打一个比方,你认为现实中的社会工作者像什么?”进行调查。

调查结果发现,理想的社会工作者的意象主要是“手持权杖的天使”“心理专家+资源中介”“社会医生”“专业人士”“为他人搭建服务的枢纽”等,这样的意象凸显了社会工作的地位、价值与能力。主要的关键词与频次见图6-1。

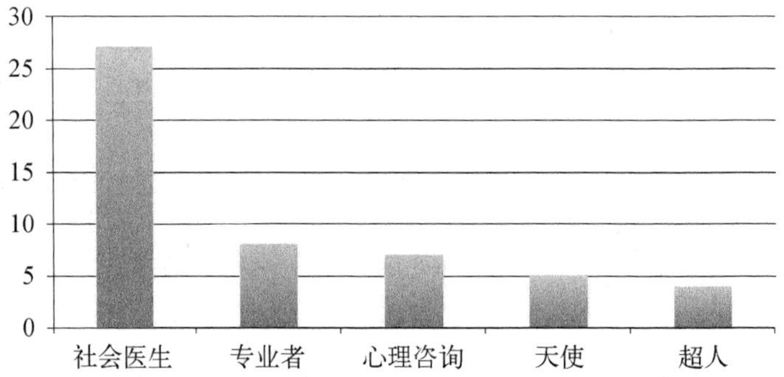

图6-1 对理想社会工作者的意象

现实中社会工作者在大家的认知中,主要是一种“知心大姐姐”“居委大妈”“志愿者”“政府的帮手”“打杂工”等形象,其专业地位没有有效凸显,并且依附在其他的职业角色中。主要的关键词与频次见图6-2。

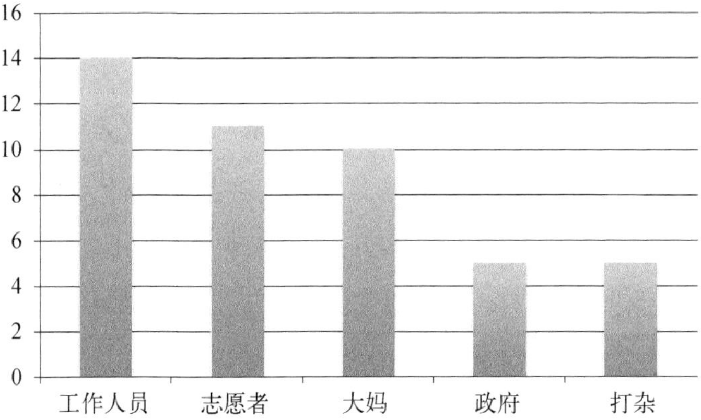

图 6－2　对现实社会工作者的意象

二、行动表征

行动既是实践性知识的表达方式，也是实践性知识的来源。[①] 这种行动既可以是一种行动的开展逻辑，也可能是通过自身身体化来呈现的意义表达。在长期的实践过程中，社会工作者形成了自觉的行动，体现了他们专业性的实践特色。在访谈过程中，我们发现，社会工作者实践性知识的一个突出的行动表征是“陪”。恰如社会工作者(DC002)所言：

当时找一个禁毒服务对象的时候，他一直躲我，我一直没找到过他。我打电话打到他家里，他家里人一直说他不在，也不知道在哪里。其实家里人是知道的，就不告诉我，不信任我嘛。那我就一直去找一直去找，那他们就知道有这么一个社会工作者存在。有一天那个服务对象突然主动来找我了，提出了他一个需求，其实那个需求在我看来真太简单太简单了，是要去拍一个身份证照片。拍身份证照片，其实跑到派出所去拍一个不就好了吗，那我其实完全可以告诉他拍身份证照片的途径啊，方法啊什

① 陈向明等. 搭建理论和实践之桥——教师实践性知识研究[M]. 北京：教育科学出版社，2011.

么的。但是，当时我做了一个陪伴的动作，说："我陪你去！"我陪他去的过程中，他走着，我骑电瓶车。于是我电瓶车骑得很慢很慢，就是跟他边走边聊过去，拍完了照片再一路走回来。因为好不容易他来了嘛，我也不是很着急的，我就做了一个陪伴的动作。后来我告诉他，今后有什么事情，我还是愿意陪伴他去做这个事情的。他后来就第二次过来找我，跟我提另外一个要求[①]……渐渐地，当信任足够的时候，我们就什么都可以讲了，这是一个过程。

在这个案例中，社会工作者的实践性知识通过"陪"的行为而体现出来，他对"陪"的价值的认识、对"陪"的时机和方式的把握等，都渗透在这个行动之中。他不是急切地帮助服务对象解决问题，而是借助一个陪伴的行为，真正和服务对象进行沟通，然后与服务对象建立起了专业关系，获得了服务对象的信任，增强了服务对象改变的信心，最终为服务成效的落实奠定了良好的基础。

第二节　语义表征和原则表征

一、语义表征

在日常的服务实践中，社会工作者对工作的投入会使其将日常的服务活动和专业不断衔接，不断反思深入，从而对专业实践产生更深入的理解与经验体会，并成为一种可以表达的概念或命题，通过语言的形式明确表达出来。例如社会工作者（DY008）在其服务实践的日常记录中写下的《态度也是一种专业元素》：

---

① 刘凌艳.一线社会工作者实践中的专业性研究[D].华东师范大学，2014.

有一次去参加一个同伴的团康活动，那天温度很高，但不巧的是，活动场地的空调出现了故障，大家显得有点燥热不安，抱怨声随即而起。

组织者按了服务呼叫铃声，一位工作人员马上来到了现场，查看、调试，一会儿又看到他对着对讲机请求其他工作人员的支持，马上又来了另一个工作人员，从服饰上可以看出他们的职位有所不同，我便在一旁估计他们的专业级别可能也不同，只见第一位工作人员用非常熟练的手势和镇定的态度对场地的空调设施做了检查，且马上用非常温和的口吻回答了我们的提问，解答了空调发生故障的原因，并表示会及时检修。接下来的场景是不断地有工作人员进进出出，态度严谨认真，却又透着温和的神情，面对一屋子人显得有点急躁的提问，总是恰到好处地微笑、安慰、道歉……最后，我们被告知因为外机的原因，不能在短时间里修复，已经为我们安排了其他的房间且再次致歉。当时一下子，原本吵闹不安的现场安静下来了，屋里没有一个人再发出任何的抱怨，过了一会儿，大家开始不约而同地对工作人员表示了感谢，有好几个人还向工作人员表示，房间不换也没有关系。

我看在一边不禁陷入了沉思，联想到我们平时的工作，思绪便天马行空似的奔腾而起……

我觉得整个过程中，呼叫服务就像是我们社会工作中服务对象求助的信号，工作人员的及时到来恰似我们社会工作人员给予的反应。其他工作人员的到来可以看作社会工作中的转介，也可以想象成是同行之间的一种专业探讨，工作人员检测后给予的回复，就像是社会工作中诊断、评估、归结、告知，直至最后提出调换房间的决定，这就像社会工作中的建议，是为求助者提供改变现状的方法。工作人员在整个过程中呈现出来的及时、认真、友善等则组合成了对待工作的积极态度。虽然最后我们还是被告知空调的功能暂时不能恢复，屋子里还是显得很燥热，好些人都在用本子等物品当扇子使劲地扇着，但是被工作人员的态度所感染，大家还是愉快地按计划正常、有序地开始了活动。

我想可能相比较服务的结果，人们也许会更重视过程中对方所持的态度，当对方的态度中凸显的另一层面的东西闪闪发光时，也许求助者会忽略求助的本身而被对方的态度所感动。

由此，我联想到我们平时的工作中，肯定也会碰到服务对象向我们求助，而我们却由于一些原因，不能完全解决问题。这时，我们千万不要一口回绝，说出"这个我没有办法"之类的话语，在给予的回应中至少要让我们的服务对象，解读到我们很理解他的心情，对他所面临的困境是感同身受的。然后，要让对方知晓我们是在尽力地帮助他解决问题，我们在做出我们的努力。其次，要反应灵敏地运用我们的智力、经验、资源等给出建议或者思路。最后，一定要及时回复，即使无法解决对方的问题，也要让他感知到不是他一个人在面对困难，社会工作者是他心灵的支持者、勇气的给予者、希望的种植者，即使一时不能解决某个难题，他也可以感知到我们在背后顶着他的那股强劲的力量，并进而影响到他用积极的态度去应对所面临的困难或事件。

我想我们的服务对象一定会因我们的态度心存感激，会因我们的态度感知真情，会因我们的态度表示体谅，也许还会因我们的态度激发出他们自身解决问题的能力。

看着沉浸在活动中的人们，我情不自禁地感叹："态度也是一种专业的元素。"

在本案例中，社会工作者在参加活动的过程中，由空调维修人员的工作风格和服务态度而产生了联想，从而感悟到"态度也是一种专业元素"，并迁移到自己的社会工作服务实践之中，认识到态度可以很好地安抚或解决服务对象的问题。她的这一联想与感悟是建立在她丰富的社会工作实务经验的基础之上，并与其善于反思的优秀品质密不可分。她所感悟到的“态度也是一种专业的元素”，有体验基础、有操作程序、有认同结果，是可以有效指导其开展社会工作实务服务的实践性知识。

二、原则表征

实践原则是一种具有较强包容性却不够明确的陈述，是关于人们在特定的实践情境领域中应该做什么以及如何做的陈述。[①] 实践原则源于实践，又指导和保障实践的顺利开展。实践原则是社会工作者长期实践智慧的体现，也是社会工作实践性知识的表征形式之一。在访谈中，当我们请社会工作者（HZ009）列举自己在服务中成功的案例，他给出了多个案例，但是在这些案例中均提到自己在小组活动中的“静观其变”，这是自己在小组中获得的经验，也是指导自己开展小组的原则，是社会工作者对服务对象的尊重和包容，也是社会工作者对专业自信的一种体现。

我很难在短时间内完整地把这个小组怎么样进行（的经验）一点点说出来，但是我觉得如果是讲每一个活生生的人的话会更生动一点，所以我就举几个组员的例子。我想，如果把组员的经历写出来的话就像一个案例一样。例如，有一个组员，这个组员呢，他的问题是周围的朋辈关系和医患关系，为什么这么说呢？他一开始心里有很多心结，他刚住院的时候，他内心感到很无助，很迷茫，“为什么妈妈要把我送到这个医院”，他内心又恐惧又难过又伤心，进来之后他有个心结就是他刚入院的前几天，因为刚入院的话要观察、要隔离，那么在观察和隔离的时候会让他留在一个房间里面，然后医护人员会观察他的这个病情的现状和反应，他可能是夸大了当时医护人员对他的态度，他觉得当时医护人员对他很冷漠，很冷淡，让他内心感情上、自尊心上受到了很大的伤害。但是这个事情是他在

① 姜美玲. 教师实践性知识研究[M]. 上海：华东师范大学出版社，2008.

小组面试时候没有说出来的一件事情，而是说他在小组进行到大概七八次的时候，在小组里面谈论到医患关系的时候，他把这件事情给吐露出来，整整发泄了一小节。当时作为社会工作者的我很犹豫要不要打断他，因为他这样发泄内心的一个烦恼，他会占据了其他人的时间，那么我要不要让他继续发泄下去，还是静观其变，后来我选择了静观其变，因为我觉得这个小组就是给我们每个组员一个安全的氛围，让他们把内心的压力能够吐露出来，宣泄出来，那么我最后静观其变没有打断他，让他继续，很激动地在那里说，即使可能说了一些很激动、很夸张的，现实中医护人员对他态度没有那么糟糕，但是我相信在他的记忆里面，他刚住进来的感情是很脆弱的，那么他心里有一个心结，为什么别人要这样对我？为什么要把我送到医院里面？那么他这个心结的话，发泄了之后，我后来说，刚才我们这位组员分享了他内心一个很烦恼的事情，刚入院的时候他觉得工作人员对他这样，他觉得很不可思议，很难过，很气愤，大家觉得呢？结果其他组员说："哎，我也碰到过这样的事情，所以说，你不要这样想。"有的组员就说："我很理解你，我们也碰到过这样的事情，我是怎么怎么处理的。"也有其他的组员沉默，什么也没有说；有的组员在语言上安慰他。在这个他发泄的过程中，没有一个组员说，你不要说了，你占了我们的时间，你这样整节的抱怨很负能量，让我们心情很差，没有一个组员这么说，至少保持沉默！经过这节活动的发泄之后，在下一次来的时候，这位组员说，我上次说那么多抱怨的话，我觉得大家都很支持我，倾听我，我内心感到很感动。我举这样一个例子是说，这个组员的心结是他曾经在人际关系中受到的伤害，伤害在这个小组中得到了治愈，包括他一开始可能对人际关系的一些比较激进的或者比较负面的一些想法，慢慢地在小组的温和的、安全的、充满爱和支持的氛围里面，他慢慢地觉得别人是支持他的，爱他的，至少能够倾听他的，他对人际关系充满负面和棱角的看法在这个小组里面慢慢地磨平了，没有那么感觉像是很受伤的刺猬一样。我还想再讲一个组员，另外一个组员呢，因为他们类型不同，还有一个组员我印象很深，为什么，他进组的时候，他跟我说，M社会工作者，我想参加我们的小组是因为我想改善跟我父母的关系，我说，哦，我知道了。结果在小组里面，我们进行了十次，我们在分享自己对人际关系的一个困扰啊、内心的想法啊、我自己的事情的时候，这位组员按兵不动，没有表现出任何相关的表达。那我想我是否需要催催他，后来我没有催他。结果大概在十几次，要知道十几次的话，这个小组已经过去几个月了。那么在小组开展到十几次的时候，他在十几次的小组里面跟大家说了他的心结是他小时候在上小学之前，他跟他父母不是住在一块的，但是他家里的姐姐是跟父母住在一块的，他觉得正是因为他在童年时期没有跟父母住在一块，形成很亲密的依恋关系，导致他长大了跟父母不亲近，不像他姐姐一样跟他父母那么亲近，那么他的心结就是他觉得他的父母没这么跟他亲近，他的父母不怎么爱他，他觉得因为他们错过了那段最适合培养亲密情感关系的时间，他觉得错过了就错过了，他一直耿耿于怀，他觉得他很难再和父母拉近关系。就是他的这样一个烦恼，我说，"你到十几次你才跟大家说，你一定是在看别人说一些什么"，他说对，他觉得是时候了，他要分享。在他分享之后，我们很多组员跟他一起分享了自己童年的经历，让我们惊讶的是，居然小组里面有两三个组员跟他的童年经历很像，什么很像，小的时候跟父母没有生活在一起，但是有些生活在一起，他们当时也觉得父母对他的关心是不够的，感觉生活在一起还不如分开的，就差不多他们都在童年时期，可能就像他说的错过了那段时期，但是这些组员都帮助他说，我们现在长大了，应该去用一个更成熟的方法和心态去处理和父母的关系，那么已经发生的事情它不能改变，但是我们现在能改变的是怎么样用我们现在更加主动的一个方法去跟父母增进关系，或者是弥补过去的缺失或者裂痕。那么就是他这样一个问题也在小组中解决，然后我们还模拟说，如果你碰到你的爸爸妈妈下次出院的时候你会怎么跟他说，说一些什么样的心里话？在小组里演练之后，正巧他的父母就来了，他说他跟父母有了一次很建设性的谈话，他把他对父母的爱能够表达出来。他的父母也觉得，从来没有这样跟他沟通过，觉得跟他心离得更近了。所以，这些组员都是在这样一个小组里面，小组是我们社会工作者用的一个工作方法，在这样一个安全的氛围、充满支持的一个氛围里面，他们都或多或少地解决了自己的一些问题，自己的一些伤痛，而且增进他们对怎么样处理好人际关系，包括他们从社会工作者身上看到自己是一个什么样的人，让他们能够重新去学习，怎么样去改善自己的人际交往模式，达到自己自我人格的一个成长。

那么这个小组，我刚才举了几个案例，他们都或多或少解决了自己的问题啊，自己哪些方面得到成长啊，说了几个案例。然后这个小组现在结束，你让我分享我就马上想到这个小组，那我觉得做了这个小组，我的一个感受是我觉得社会工作者要很耐心，为什么我在做前十次的时候我很着急，我觉得我们很多组员都没有进入状态，什么意思，就是感觉他们并没有朝那个目标前进、自我成长，我很着急，我怎么样能够加快他们的进度？还有一个就是我想改变他们，比方说他们对人际关系有一些很负面的想法，那个时候我心里很想说服他们，然后又感觉我说了没有用，那么我觉得，社会工作者对他们的影响并不是那么大的，那么第一点就是觉得我从这个小组中学会了耐心，学会了等待，因为一个人的改变并不是那么容易的，尤其这个小组如果设定的目标并不是一些短期的行为，一些想法，而是比较长远的一个心态的人际交往模式的人格的成长，那这个目标的话，我需要更耐心给他们更多的时间，那么每个人有自己的节奏，我学会了第一个要比较耐心。然后，第二点的话，我觉得就是说我们服务对象有很多需要，有一些需要并不是那么明显或者浮在表面，说我和人吵架了或者什么，有一些问题是更深层次的问题，那么社会工作者能不能想一些办法帮他们去解决一些更深层次的一些问题呢？

在这个案例中，社会工作者(HZ009)通过多个具体案例，总结形成了“静观其变”的实践原则。案主在医院场域内，倾诉自己和医生之间的矛盾，作为医生同事的社会工作者，在面对案主对医患关系的倾诉时候，选择了静观其变，推进了案主在小组中的学习；在面对服务对象需要解决但迟迟不倾诉出来的问题时，社会工作者选择了静观期待，相信案主。静观其变作为一种源于实践的知识表达，将持续指导社会工作者的实践活动。

第七章　社会工作者实践性知识的转化与提升

在心理学领域，一般把知识分为陈述性知识和程序性知识。陈述性知识也叫描述性知识，是个人能用语言进行直接陈述的知识。这类知识主要用来回答事物“是什么”“怎么样”的问题，可用来区别和辨别事物。这种知识与人们日常使用的知识概念内涵较为一致，也称为狭义的知识。程序性知识也叫操作性知识，是个体难以清楚陈述、只能借助于某种作业形式间接推测其存在的知识。这类知识主要用来回答“怎么想”“怎么做”的问题。

从这一知识分类来看，社会工作者在接受职业培训前学到的书本知识，对他们来说，更多地属于陈述性知识。通过课堂学习，他们懂得了、知道了，但未必会操作，尤其是实务操作方面的知识。如果不会操作，对他们来说，也不能算是程序性知识。而在职后的服务实践中，所生成的实践性知识，往往来自他们的实践操作之中，因此，在什么情境下如何运用这些知识，他们往往会娴熟于心，因此这类知识更多地具有程序性知识的特性。

但从目前现状来看，社会工作者在接受职业培训前后学到的知识，长期以来存在着很大的隔阂，缺少相互之间的连接与融通。为提升人才培养质量，为增进社会工作本土知识的自主建构，加强社会工作者实践性知识的转化与提升，构建社会工作课堂理论与实践之间的桥梁成为一个亟待面对的问题。

第一节　从课堂到实践：不同类型知识间的沟壑

社会工作实习是实习生把课堂学习的社会工作知识运用到实践中的重要环节，同时也是实习生和职后一线社会工作者交流互动，体验社会工作者实践性知识，把实践中的问题和收获反馈到课堂中的有效途径。而且，在这个过程中，实习生在实践中收获的经验与对所遇到问题的反思性认识，是实习生在督导带领下根据实践情境所作出的专业反应，从本质上说，这也是一种实践性知识。抓好这一环节，可以有效地架起课堂知识和实践所用知识之间的桥梁，促进书本专业知识和实践性知识的共赢发展，使理论知识的学习和实践性知识的创生相辅相成，相互促进。

一、从课堂到实践

我国社会工作专业化的发展路径同西方的发展路径有着明显的不同。在西方，社会工作作为一门学科，主要是源于慈善救助实践的发展，在经验不断积累，进而科学体系化的基础上发展而来。这是一种“自下而上”的发展路径，它天然地具有实践性品质。而在我国，社会工作的发展基本上体现的是“自上而下”的路径，作为政府推动下快速发展的学科，其特征是教育先行，但专业化和职业化滞后①，甚至对于民众而言，对这一职业的认识和认同，也需要一个较长的过程。而就社会工作专业教育本身而言，专业设置初衷大多又是为了院校自身的生存，专业教育发展方向不明确②，因而社会工作学生进入实践基地进行实习，面临着巨大的知识鸿沟。

本部分以对2014—2017年社会工作专业实习生，约30人的访谈资料为基础，呈现课堂学习和专业实习实践之间脱节的表现，并探讨了其中的原因，以及进一步解决的路径。访谈内容主要是关于实习过程中他们课堂知识在实习中运用时的感受、分析等。研究结果如下。

（一）课堂所学与实习所用之间的差异

社会工作专业学生在进入实习之前，他们多基于课堂学习而对实习有着自己的期待，希望自己“能在实习过程尝试、验证课堂中学习到的实务技能”，能“得到督导的指点，获得专业性的发展。”但是在一线实践中，他们发现课堂所学的知识，在实践中“好多用不上”，课堂学习和一线实践之间存在巨大的割裂。在他们看来，这种割裂和差异具体有以下两个方面：

1. 课堂教授的专业知识和实习的服务实践安排之间的错位

当前国内的社会工作教育所用的教材以编译为主，教学形式多为知识传授型。虽然案例教学在不断地引入，但是仍然有很多案例源自西方教材，尤其在价值和伦理部分的案例，更是借鉴于书本资料，而非当前我国一线服务实践中所积累的活生生的本土案例。虽然学生在课堂学习过

① 熊跃根. 论中国社会工作本土化发展过程中的实践逻辑与体制嵌入——中国社会工作专业教育十年的经验反思[G]//王思斌. 社会工作专业化及本土化实践——中国社会工作教育协会2003—2004论文集. 北京：社会科学文献出版社，2006.

② 孙立亚. 中国社会工作教育发展之反思[C]//1999年社会工作教育专刊——中国社会工作教育协会第二届年会暨“面向21世纪的中国社会工作教育”学术研讨会论文集. 北京：中国社会工作教育协会，1999.

程中有课堂模拟，但进入实习后开始的实践服务，对学生来说，仍是一个巨大的挑战，因为现实远比来自教材案例所创设的课堂情境复杂。

课堂学习和实习过程确实差别太大。对于实习我是有自己的期待的，但是事先想的是一个样，真正去了又是另一个样，想的状态和现实之间还是有挺大差距的。我去的是社会工作协会，就是民政局下面的一个协会单位。在我实习过程中，可能写材料的活儿比较多，在那边有大量这种写的东西，或者做公众号之类的活儿。对于我个人来说，我特别想从专业的角度做需求、评估之类的工作。但当时我实习单位的同事就觉得你要随机应变，除非你做大项目，你要提前做需求评估，但这种社区活动，没必要做评估，你要学会随机应变，到时候接触什么人就对什么人做服务。对此，当时我觉得好像也有道理，对于一个机构社会工作者而言，如果这个社区搞一个团体活动，做一做需求评估，那个社区开展一个团体活动，也做一做需求评估，可能也是确实忙不过来。（SG002）

实习生由于接受了系统的专业训练，在实习过程中，机构就会对他们产生期待——能写，会把机构中需要动笔杆的事情转给实习生来做。这种做法虽然有利于机构的文案材料整理，但是并不利于实习生的专业实践性知识的生成。对于他们来说，他们带着课堂中所学的专业理论知识，进入实习现场，如果从事的是专业服务实习，那么专业理论知识恰好能与他们的服务实践体验形成碰撞互构，是生成实践性知识的好机会。但是如果仅从事文案整理的实习工作，对他们来说，未接触到服务对象，并不利于他们检验课堂理论，也不利于他们的专业化的实践性知识的发展。这在另外一位实习生身上也得到了反映：

我刚一去的时候，机构给我安排的任务就是整理病种的一个手册。

比如，这是什么病，它有什么样的症状特点啊，以及家长一般都是怎么发现的等。就是说，家长在整个治疗过程中可能遇到什么问题，都要整理出来。对于这种实习安排，我实话实说，我是挺不愿意去整理的。因为我也不了解医学知识，比如当时我就整理了一个肾母细胞瘤的病种手册，那里面涉及很多医学知识，我都不清楚，所以我都是在百度之类的搜索工具中，或者再去查一些文献，去把这些知识都拷贝过来。我都不知道这种查出来的医学知识对家长是否有误导性。当时也想，整理的这些材料，后面真的还会有人审核吗。当时的感觉就是，这个医院的社会工作服务还没有发展得很好，没有一个统一的规范，他们不知道或者说也不在意如何更好地安排实习工作，感觉就挺混乱、挺盲目的；里面的社会工作者，人手也挺不足的，根本就没有存在感。当我有时去科室的时候，护士医生都不知道我是干什么的，会很质疑我的专业。(SW005)

可见，由于实习中现实环境的影响，实习生在实习过程中所做的事情，并非全部都是实习所规定的专业内容。根据我国现行社会工作专业教学指导委员会的规定，社会工作专业实习需要至少 800 个小时机构实习(本科为非社会工作专业的，需要外加 200 小时的见习)。虽然各个学校的具体要求和安排稍有差异，但是恰如下引的一次某学校社会工作专业实习动员会中所提到的一样，社会工作专业实习需要在实习的过程中能通过完成个案、小组，以及社区活动中的至少两项，以达到服务某些特定个体或群体的目的：

在培养计划当中，大家可以看到，总学分是 152，本科生实习所占的分数是超过 20%的；研究生的实习是 6 个学分，研究生总学分是 36 个学分，实习占到了 1/6，实习是非常重要的一个环节。我们具体要求就是本科生 800 小时，800 小时既包括了在校内的一些实习课程，如个案、小组等，也包括了大三阶段的机构实习。另外，还包括其他交流机会。比如，一些实务培训。大家在修 7 门实务课程的基础上，去机构实习专门领域的社会工作实务，如个案、小组、社区，或者专门针对青少年、老年、家庭的社会工作服务，等等。这些不同领域的实习，有 160 个小时，主要是全面了解社会工作机构和它们的服务实践，实际上主要是以三大方法为主要内容的。我们希望同学们在实习之前能够认真阅读、熟悉实习手册的内容。实习过程中，主要是以日记和周记的形式，写在个案、小组和社区实习活动记录表中，要填得非常详细。我们机构督导和教师督导，在给大家评价的时候，会重点考察这些不同的记录表。研究生实习是 800～1 000 小时。研究生第二个学期要完成 200 小时的实习，然后第三学期是 300 小时，第四学期是 300 小时。(TG003)

由于当前学校对实习生的实习要求比较笼统宽泛，机构又多种多样，机构在接纳了实习生之后，常常会从自身出发，对实习生作出相应的安排，并提出不同于学校的实习要求。再加上后续学校对实习生、对实习机构的监管比较松散，因此也导致学生所学的内容与实际实习所做之事之间的割裂和错位，使得学生所学的专业理论知识无法为其在实习过程中的实践性知识生成提供激发点，而他们在实习活动中所生成的实践经验与体验又与专业关系不大，并非专业服务直接相关的实践性知识。恰如下面的实习生在实习过程中所体会到的：

比如说我们在课堂上学到的高级实务，我觉得好像都没用到，顶多就是把其中的一些价值理念变成口号性的东西，印到一些宣传物上。我们想象的和实践其实还是有很大的不一致。不过，我们课堂所学的东西，应该也会有和这个实习场域相对应的一些东西。比如，课堂上的理念可以迁移过来，理念这个东西比较抽象，可以用到所做的任何事情上。比如说利他主义吧，有时实习单位对我们的实习安排可能会有错位，但是我们仍然可以把利他主义的专业理念，落实到实习活动中，把这个事情就是做到位啊，或者说我们再来反思一下，就是这些理念在现实中，到底是可以直接贯彻，还是说需要修改以后更符合现实需要呢？在这个过程中我们仍然是可以有收获的。(SJ009)

2. 课堂中知识学习的扎实度与实习中知识运用的熟练度之间的差距

实践性知识生成于一线的实践操作过程中，但影响其有效生成的因素，绝不仅仅是实践操作。对于社会工作专业的实习生而言，能否在实习过程中生成有价值的实践性知识，在很大程度上，受他们在课堂中对专业知识学习扎实度的影响。在课堂学习中，对专业知识的一知半解，甚至错误的理解，往往不利于他们在实习过程中实践性知识的创生。

对此，有的实习生(SY007)就归结为对课堂专业知识的“理解不透彻”或者是“忘记了”：

我觉得有时候自己对理论的理解不是很透彻。像小组动力理论，我就简单地理解为是小组活动中多增加他们的互动，让他们多参与、多分享，让他们自己产生相互的影响。然后再深入、系统地理解，就不知道了。因此，我就感觉自己在做活动的时候，对这些理论不是特别清楚，心里特没底儿。刚设计活动的时候，不是很清楚自己到底用哪个理论，常常是设计完活动，再去找理论。在这种情况下，设计小组活动的时候，就会很恐慌。

还比如，我们课堂上学到的什么认知疗法，我自己原来对认知理论、疗法也比较感兴趣，但实际上在实习过程中，还是很难灵活运用。比如，我曾经接触到一位妈妈，她有比较强烈情绪问题，我就想用认知疗法去帮她辨别一下她不太正确的认知。可是我发现我不会用，用起来很生硬，不能说到人家心坎里面去，还不如那些有同样境遇的妈妈，随便劝说两句，甚至在我看来，是不那么负责任的话，但对服务对象来说更解气呢！

再比如，之前有个服务对象她孩子得了不会说话，甚至连眼睛都很少睁开的那种病。从医院出来的那天，我见到了她，她就坐在护士台对面的椅子上哭，这时有个老奶奶过来，然后就跟她聊天，就说：哎呀，你没有必要这样子，你看那谁，情况比你还惨呢，你要想开一些啊！等等。然后那个妈妈心情就好了一点。我当时就想，如果我通过一些问问题的方式，去帮她辨别什么是非理性情绪，肯定会很生硬。所以，我就觉得自己学的东西，不接地气。理论与实践的差距还是比较大的。上课的时候，学得不够扎实，用的时候肯定就不会灵活。

对于实习生来说，他们走入一线服务实践，正好处于专业理论知识和实践问题相互碰撞的中间，他们带着大学几年来所学的书本上的专业理论知识，当他们尝试用这些理论知识解决实践问题的时候，理论知识内在的逻辑性，和实践问题的开放性、多样性和复杂性之间，就会形成相互作用，从而为他们的实践性知识的生成提供了良好的契机。但是，如果在这个过程中，实习安排不当，或者他们已有的课程知识学习不扎实，都会影响到他们实践性知识的创生。

（二）课堂所学与实践所用知识之间差异存在的原因

体验到课堂学习和实践运用之间巨大差异的实习生，也在思考为什么会有这样的差异，他们或者开始怀疑专业性，或者从环境与自身因素归因，以平衡这种差异对他们造成的冲击。

1. 归因于社会工作专业性的缺乏

巨大的差异冲击着那些进入实习的社会工作专业学生，他们在课堂所接受的社会工作“专业性”，在其实习过程中并没有感受、发现和意识到。他们开始怀疑自己所学专业是否有其“专业性”：

我一直在怀疑我们的专业性，实习过程中，我感觉那些社会工作者也会提专业性，但其实很模糊，他们也讲不清楚。所以我就在思考，社会工作者到底有没有专业性？还是说它就像社会学一样，是认识世界的一种独特的视角和方式，它可能就是更多地以某一个角度帮助这个世界改变，可能就是一种知识生产的方式。有的时候，如果从专业这个角度来思考，然后再对照现实，我更觉得它的模糊性很强。就比如说，社会工作有好多领域，但是这些领域的根本区别在哪里呢？或者，它们的共同点又在哪里呢？就是很难找。（SG002）

这种对专业性的怀疑，可以激发社会工作者努力提升自己的专业性，使自己的专业服务更能契合实践需求，提升自己的专业化水平，从而推进社会工作更好地发展，但是如果这种专业性一直不能体现出来，也会直接影响本专业学生的专业认同与职业认同。

2. 归因于社会环境的影响

社会工作的发展与社会环境紧密相关。尤其在当前社会工作发展阶段，社会环境的影响更加凸显。社会工作学生在实习的过程中，深刻体会到社会环境对专业发展的影响。

实际上我们所做的和我们所学的之间会有差距，这种差距应该跟现在的社会工作这一职业的发展环境有关。比如说，我们国家从政府层面上推动社会工作发展，推动社会工作参与社会治理，但另一方面又会觉得这种自上而下的倡导，政府会有意地压着，就好像说要扶你起来，但是又会给你一定控制，然后就导致在现实中就是社会工作者想做一些事情但又做不起来，属于比较尴尬的一个境地。（SW010）

3. 归因于个体认识的影响

从课堂学习到实践运用的复杂性，在不同的实习生那里也产生了不同的影响。“用不上”让一部分同学对专业性产生了怀疑，但同时也被另一部分同学理解为“内化”或者知识性质的差异使其“就是这样”。

课堂上老师跟我们讲的一些实务的技巧，我现在可能讲不出，而且当时课堂上听了，可能也没什么感觉。但是我觉得我还是对这些知识有内化的，在实务过程中，其实这些东西都是有用到的，但是你现在让我讲，我可能就是讲不出个“一二三”，但是我觉得我是有用进去。(SL006)

4. 归因于教育的因素，包括督导和学校的教师

督导是保障社会工作实习专业化的重要因素，是社会工作专业不可或缺的组成部分。督导对实习生进行专业指导，衔接起社会工作课堂理论知识和一线实践知识，保障了社会工作实践中的专业性，影响到实习生的专业认同和职业认同。[①] 有社会工作，就必有督导。督导的发展历史实际上就是社会工作的发展历史。[②] 在西方的社会工作发展史中对慈善救济员的专业培训，不仅代表着社会工作学科的建立，也意味着专业督导的出现。[③] 督导主要是为受督导者的专业实践提供方向、规则和价值，并进行相关的组织协调工作。[④] 在美国、英国和新西兰等国家，督导作为一

① Caras A, Sandu A. Epistemic and Pragmatic Backgrounds of Supervision of Ethics[J]. Procedia-Social and Behavioral Sciences, 2014, 149(5).

② Busse S. Supervision between Critical Reflection and Practical Action[J]. Journal of Social Work Practice, 2009, 23(2).

③ Burns M. The Historical Development of the Process of Casework Supervision as seen in the Professional Literature of Social Work[D]. Unpublished Docotoral Dissertation, University of Chicago, 1958.

④ Cojocaru S. Appreciative Supervision in Social Work. New Opportunities for Changing the Social Work Practice[J]. Journal of Social Intervention, 2010, 29(1).

个专业性个体，需要有资质证书，并接受一定的培训和继续学习。① 督导通过与受督导者的互动交流，而为其提供学习机会，引导其提升专业性服务质量，乃至紧密合作、共同努力，为了服务对象的利益而探索相关专业资源和作出决定。②③ 受督导者被鼓励在督导的指导下学习运用专业知识、发展新的技能。④ 在国内的社会工作发展过程中，我们也很重视督导，在学生的实习过程中，采取双督导制度，即机构的督导和学校教师作为"督导"身份到机构进行指导。但是在学生的感受过程中，比较典型的观点是：

督导给我的很少。因为实习第一天，督导大概讲一些注意事项之外，后面要把我们放在那个临床。放临床的话，他就直接把我一个人放在那个地方，然后，并且跟我说了这样一句话："我当时实习生的时候也是一个人，差不多也是一个人被扔在这，然后自己摸索的。现在我要重复着，我要把你放在这，然后你自己慢慢探索……"差不多就这个意思，但实际上我是觉得特别是在刚实习的时候，真的会遇到很多的挑战和麻烦，很多东西让你自己去探索，这个时候就更需要督导去答疑解惑。我们就是每天实习完了之后，大概四点钟再回那个办公室在跟督导讲。说是说每天有个 4 点半的督导，但实际上他们自己特别忙，忙各种各样的事情就有可能没有空顾上你，甚至是你 4 点半回办公室之后可能还要做一些额外的事，就是跟专业实习可能不是很相关的事。他的手头，其他的活需要你帮忙做，有的时候甚至加班，比如说第二天有个什么疾病的活动，他就会把这

① Egan R. Australian Social Work Supervision Practice in 2007[J]. Australian Social Work, 2012, 65(2).

② Munson C E. Handbook of Clinical Social Work Supervision[M]. 3rd edn. New York: Hawthorn Press, 2002.

③ Shulman L S. Signature Pedagogies in the Professions[J]. Daedalus, 2005, 134(3).

④ Caras A, Sandu A. The role of Supervision in Professional Development of Social Work Specialists[J]. Journal of Social Work Practice, 2014, 28(1).

个督导的时间给抹掉，然后就让你去帮忙给这个活动准备材料、道具。虽然这样的督导关系，整体上来说是比较和谐，但是我觉得不够深入。(SW008)

促进课堂知识和实践的衔接，需要教师了解实践性知识，能具备一线社会工作者的实务经历。在美国，社会工作的专业高校教师多具备多年的一线服务经验，具备社会工作专业硕士(MSW)的学位，在此基础上经过继续的深造学习，成为高校教授专业的合格教师。在我国，由于历史发展的框限，社会工作短期内的快速发展，使大批社会学专业或其他专业的教师拿起教材，成了社会工作专业的教师。由于缺乏直观的实践体验，此时的知识作为程序性知识的一种，在翻译和转述的过程中失去了其与实践相互动的生命力。学生在谈到如何促进课堂和实践之间鸿沟缩小的过程中提道：

我希望学校能在我们读书的期间，利用周末或者利用课堂的时间，让专业的老师能带着我们，能够多做一些实务方面的活动，我希望老师不再是讲理论，多一些实务方面的训练。我觉得我从上本科到现在，也就是社会工作实验课和家庭社会工作，而且都是研究生期间这两门课，有着比较多的实践而已，其他都是理论课，老师上课在那讲着讲着我都快睡着了，这是第一个。第二个，我觉得社会工作和社会学应该有很大差别地分开来讲，也跟刚刚提的有关，我们本科学校过于注重理论，可能偏社会学一点，对社会工作就感觉没有什么侧重。好像我们老师没有一个是社会工作出身的，全部都是社会学。在老师这个方面，教社会工作专业的学生就应该让学社会工作的老师来，而且希望老师自己也能有丰富的社会工作实务经历，我们研究生的老师里面从国外留学回来，还有从香港回来的，他们还有一些社会工作实务经历，我们那些稍微上点年纪的(老师)，他们自己都没有做过实务，他们自己都没做过社会工作，让他们来教我们，他们能教好吗？我觉得老师他们自身也应该多去实践，才能教好我们。两个吧，第一个是重实践，第二个老师自己去实践，不要纸上谈兵。（SG012）

如果课堂所教和实习所用不能顺利地衔接，学生对专业性的自我怀疑，不仅不能积累中国的社会工作知识，而且也将直接流失大批社会工作专业的学生，从而使社会工作专业发展落入一个困境中。对此，我们需要积极面对，寻找链接课堂学习和实践性知识的桥梁。

二、从实践到课堂①

无疑，社会工作的课堂学习与专业实践之间的关系是双向的，不是单纯的课堂学习到实践服务的传播，同时也是实践服务对课堂学习的反馈。但就目前现状来看，一线社会工作者积累的很多实践性知识，常常无法更好地传递给实习生或者反馈给高校课堂学习，从而加深了职前的课堂专业知识学习和职后的专业实践之间的差异。究其原因主要是以下几个方面。

（一）缺乏宣传，一线社会工作者实践性知识不能积累与反馈到课堂

一线社会工作者虽然忙碌着完成一个又一个的项目，但是他们缺乏对这些项目进行总结与宣传。

访谈者：我去香港待了一周，基本上都是在社会工作机构里转悠，参观学习某个机构时看到他们的总结宣传工作很上心，他们用五年做了一个社区封闭者的服务项目，还通过出版书籍、举办摄影展览等形式进行总

① 温菁.上海市社区社会工作者实务经验研究[D].上海：华东师范大学，2018.

结和宣传。

社会工作者(CW023－W)：对啊，他们这个是展示，不仅仅是一个总结，可能这些材料整理的过程中是总结，但是他们选择了一个展示的形式去呈现他们的这些成果和文化，这个是另外一个形式。

访谈者：通过这种形式让更多社会大众知道了这群社区中的隐蔽人群，也给社会工作者自己做了个广告。

社会工作者(CW023－W)：社会工作者就是不能光做，还要会宣传，这个就是宣传的一种方式。但是我们机构现在的情况你也看到了，普遍宣传还是比较少，就是一味地使劲做使劲做，你不觉得吗？

访谈者：实习的过程中确实有这种感觉。

上述访谈记录中，社会工作专业的MSW实习生与社会工作者(CW023－W)针对实务过程中社区社会工作者在宣传方面工作方式进行了一些交流。与MSW实习生前往香港参观学习社会工作机构时所看到的较为充分的宣传工作不同，在上海社会工作者(CW023－W)看来，目前宣传工作不到位是较为普遍的现象，无论是社区社会工作者还是社会工作机构都忙于应付项目考核。在现有的项目考核这座“大山”前，宣传工作的重要性与关注度无疑被弱化了。宣传不仅仅是促进社会工作被社会认知的方式，也是社会工作者积累经验，传递经验的过程缺乏传递的环节，一线中社会工作者的实践性知识不能传递到课堂。

（二）缺乏有效互动路径，一线社会工作者实践性知识不能积累与反馈到课堂

在学生实习过程中，为了保障实习的效果，实习机构和学校本应是互动频繁，从而将实践和课堂连接在一起。但在观察过程中发现：

以研究者所在学校中的30名社会工作专业硕士生的专业实习经历为例，在硬性要求的800小时专业实习中，30名社会工作者均未参加过

专门针对具体服务人群与特定问题领域的实务能力培训。就一线实务经验交流、反馈及总结机制而言，以被研究的某机构中10位来自不同高校的社会工作专业实习生为例，在800小时的实习过程中，他们在社区场域开展实务服务，但均未有过集中式的现场实务总结交流会，更多的是以活动评估书的形式进行简单化的书面总结。就一线实务开展过程中的新老社会工作者间的经验互补机制而言，在800小时的实习过程中，老社会工作者对实习生的积极帮带工作明显不足。反之，老社会工作者在实务工作中基于工作压力、人际矛盾产生的负面情绪很容易影响到实习生的情绪，甚至会对实习生的实务热情产生负效应。由于缺乏机构和学校之间的反馈互动制度，缺乏社会工作者对实习生的反馈互动机制，使一线社会工作者的实践性知识难以有效传递到课堂中。

（三）缺乏工作的稳定性，一线社会工作者实践性知识不能积累与反馈到课堂

一线社会工作者知识的积累需长时间稳定的工作，但由于各种原因而导致的社会工作者工作不稳定，离职率增高，也进一步影响到实践性知识的积累与传递。

以实习生参与观察的经历为例，在为期七个月的参与观察中，实习生由于督导离职、机构内部人员结构调整等原因，实习生的督导先后换了三位。第一位督导T对实习生的“传帮带”工作较好，会十分频繁地与实习生进行实习过程中的指导与答疑，在工作之余也会与其主要帮带的实习生进行聚会、谈心。但由于督导T的离职，使得实习生刚刚在为期两个月的实习过程中找到的一丝归属感、成就感也大打折扣。而后，在机构人员紧张的情况下，实习生被安排在一位刚入职几周、曾有过半年社会工作经历、毕业于某高校社会工作专业硕士的一线社会工作者Y手下，社会工作者Y也就成为实习生实习过程中的第二位督导。由于社会工作者Y也是初入职场的新人，督导哪些方面、如何督导并没有经验。研究者在

社会工作者Y的督导下，大量地做着“写字员”“物资搬运员”的工作，研究者在该阶段中几乎没有任何实务能力方面的提升。随后，机构再次进行人员调动，新入职的一位社会工作者是非专业但有十年人力资源管理工作经验的职场“老手”社会工作者J，虽说社会工作者J与实习生在实习中并非直接督导关系，但由于同一服务点开展社区服务项目，加之社会工作者J具有一定的人力资源管理能力，实习生从社会工作者J身上学到很多非专业但有些共通性的实务经验。在实习生对一线社会工作实务开展参与观察与研究的过程中，实习生真真切切感受到社会工作者工作不稳定，制约了已有一线实务经验的继承与传递，阻碍了实践性知识的（向更好、更完善方向）发展。

（四）缺乏共享机制，一线社会工作者实践性知识不能积累与反馈到课堂

一线实务经验作为一种实践性知识，发现经验本身并不是最终目标，能够最大化、最优地应用经验才是其目的和归宿。在信息化、全球化、开放化的今天，共享一线实务经验的研发成果成为最大化、最优化实现其自身应用价值的重要途径。然而，本研究通过深入访谈发现，上海市虽然是全国社会工作事业发展的前沿地之一，但社会工作机构间恶性竞争、实务经验相互间保留的问题依然存在。

良性的竞争是推动社会工作发展的好事情。正如社会工作者（CZ024－W）所说，“社区自治上海目前是要排名的，自己社区里面的话，比如一个街道或者一个区，他们会有评选活动，那他们（各个街道或区）就会觉得我一定要有特色、有亮点。这是一个比较要注意的事情。”

但是，恶性排名竞争、工作开展配合度低就会起到反作用。社会工作者（CZ024－W）还讲道，“每一个街镇的政策不一样，所以领导希望的（服务）功能就不一样……街道这层的领导觉得上面的那个领导做得不好、想得不好，所以下面的工作落实起来就比较困难，或者就是敷衍了事。”

在当前的社会工作发展阶段，政府仍然是最大的项目购买方，这种强有力的政府力量又会随着某一项目、某一领导产生不同的服务情境，不仅影响了机构之间的竞争，也阻碍了社会工作专业积累与深入发展。

在大数据时代下，各社会工作机构间、社会工作协会间仅凭一己之力或几人之力进行的一线实务经验总结是十分零散的，很难在整个上海市层面实现一线实务经验由个别化向普适化的量变。在“互联网＋”新业态影响下的一线实务经验共享平台的快速建立与完善，无疑对整个上海市社会工作实务水平的提升具有重要意义。但实习生在机构的参与观察与访谈发现，上海市各社会工作机构间的一线实务经验的共享渠道大多停留在线下的总结分享会、行业交流会层面，基于互联化的线上共享平台还未真正建立。

（五）缺乏合作研究，一线社会工作实践性知识不能积累与反馈到课堂

一线社会工作者在工作中积累的实践性知识已经成为其工作中自然发生的一部分，虽然在运用这一知识的过程中有积极的成就感，但是并未意识到这一知识的存在及这一知识可提取可传递的价值。

其实我现在才知道，我这些活动是有专业元素的。因为今年一个香港大学社会学专业的朋友，一直跟我有联系。他告诉我，他就在写一篇针对特殊人群的论文。我以前不懂，就去分享（我做的活动），才知道（我做的活动）都是具有理论的，有理论依据的。我在那里分享时，他们就笑。我说笑什么，后来他说我们的王博士的硕士论文就是写仪式感什么的……（社会工作者 DY008）

社会工作者在实践中摸索出很多有价值的实践性知识与实践智慧。这些知识如能被有效提取和传递，就能帮助更多服务对象。但因社会工

作者工作的繁忙及其他各种原因的制约，使其无法及时地将这些知识进行提取。而很多高校研究者缺少对实践的关注，缺乏与一线社会工作者合作关系的建立和维持，也导致这些充满智慧的实践性知识不能被及时从实践传递到课堂中。

不可否认，时至今日，社会工作实践性知识从实践到课堂的传递存在阻碍，但是我们也欣然发现一些高校正在探究引入一线社会工作者进入课堂的模式。一般多是通过专题讲座的形式，请一线社会工作者分享自己的经验，传递实践性知识。未来这一社会工作者进入课堂的形式如能深入进行且不局限于经验分享，如可以进行合作探究、长期项目研发等形式，我们相信实践将反馈给课堂源源不断的智慧与本土的社会工作知识。

社会工作长期以来一直在弥合研究和实践之间的知识鸿沟，强调实践知识可有助于问题解决的价值。在这一努力过程中，有研究者提出基于证据为本的研究和实践性知识恰好可以相互促进，证据为本的实践(EBP)具有积极推进实践的效果，可以加强社会工作服务的有效性①，当然在这一过程中，证据为本的实践在涉及实施研究或将研究转化为实践时，会遇到在实践中证明相关性的一些挑战，即如何证明实践过程中的因果相关性。② 当前，许多研究人员越来越支持更广泛的证据知情实践(EIP)作为 EBP 的替代方案。③ EIP 是一种以服务对象为中心的方法，这意味着证据只有在它可以融入一个动态的服务过程中才能被使用，在这个过程中，服务提供者必须不断调整以满足服务对象不断变化的需求。④

我们认为，社会工作者正在创生着实践性知识。在理论和实践良性

---

① Nutley S, Walter I, Davies H. *Using evidence: How research can inform public services*[M]. Bristol: Policy Press, 2007.

② Morago P. *Dissemination and Implementation of Evidence-based Practice in the Social Services: A UK Survey*[J]. Journal of Evidence-Based Social Work, 2010, 7(5).

③ Epstein I. *Promoting Harmony Where There is Commonly Conflict: Evidence-informed Practice as an Integrative Strategy*[J]. Social Work in Health Care, 2009, 48(3).

④ Nevo I, Slonim-Nevo S. *The Myth of Evidence-based Practice: Towards Evidence-informed Practice*[J]. British Journal of Social work, 2011, 41(6).

互动过程中，实践性知识一方面通过检验理论来调整和促进理论知识的发展；另一方面，它也会根据具体情境中实践的深入发展而获得不断的充实。虽然这种实践性知识很难完全教授，因为它难以口头表达，同时也难以证实对其方法和效果的关系，多是靠感觉、经验或常识来体现。① 但是，真正的专业知识多来自训练有素的研究人员或经验丰富的社会工作者。② 在研究者和社会工作者合作的基础上，社会工作实践性知识会受到越来越多的关注与发展。

第二节　从社会工作者实践性知识到社会工作知识

社会工作者实践性知识具有个体性，如何提升总结，为中国社会工作知识的本土建构作出贡献，值得我们考虑和重视。当前中国社会工作的发展，面临着一个基本的学科任务，即构建适合中国社会文化生态的社会工作知识体系。对此，为我们所熟悉的一个主要思考路径即社会工作知识的本土化，也就是引自西方的社会工作专业理论体系和知识框架，如何在中国的社会文化语境中，实现它的情境化和脉络化，以促进中国社会工作实践发展和专业化提升。这也是在全球化背景下，后发国家为实现现代化所采取的一种基本发展策略。但是，从长远发展来看，这种策略可能只是阶段性的权宜之计，走过引入、效仿、移植、改造阶段之后，提高理论自觉，建构自主性知识体系，才是长久之策。随着中国的崛起，中国的经验和所面对问题在很大程度上很难在西方的理论框架之中获得全部解

① McNeece C A，Thyer B A. *Evidence-Based Practice and Social work*[J]. Journal of Evidence-Based Social work，2004(1).

② Flyvbjerg B. *Making Social Science Matter: Why Social Inquiry Fails and How It Can Succeed Again*[M]. Cambridge：Cambridge University Press，2001.

释，建构自主性的知识体系，是时代赋予中国社会科学的期许，也是中国社会工作发展的学科使命。[①]

一、基于实践性知识的社会工作知识的本土建构

中国社会工作知识本土建构的切入点应该如何定位，可以从哪里入手，需要从何处起步？我们认为，回到中国社会工作动态、鲜活的实践场域，是一条值得考虑的可能进路。

（一）实践场域中所蕴含的“中国问题”，乃是中国社会工作知识本土建构的逻辑起点

作为围绕专业服务提供而形成的中国社会工作的实践场域，其中蕴含着具体而真实的“中国问题”。“‘中国问题’起源于中国的社会结构及其发展过程，存在于研究主体对于这一结构及其发展过程的思考和提问之中”。[②] 生成于当代中国的历史性实践中的“中国问题”，是中国社会工作知识本土建构真正实质性的逻辑起点。在当前中国崛起的时代背景下，我国正处于发展的重要战略机遇期，同时也是各种社会矛盾的凸显期。中国的问题和经验，很难在西方的理论框架之中得到全部解释。而中国社会工作人才是被作为解决社会问题、构建和谐社会的重要力量，是体察社会心态与社会矛盾，在一线维护和谐，预防和解决社会问题，化解社会矛盾的主力军。[③] 而要实现这一历史性定位，则必须有基于“中国问题”的社会工作知识体系的支撑，它起于且落脚于“中国问题”，能够适应当代中国人的生存方式与精神世界，并给出有内在逻辑的阐释方式。

为此，社会工作学科有必要进一步转换对“实践”的理解，从以前“知

---

① 何雪松. 迈向中国的社会工作理论建设[J]. 江海学刊，2012(4).
② 韩庆祥，王海滨. 建构“面向中国问题的哲学”研究范式[J]. 江海学刊，2015(4).
③ 孙建立. 培养造就宏大的社会工作人才队伍[N]. 中国组织人事报，2011(6).

识运用”的视角转换到“知识创生”的视角上来。一直以来，在社会工作领域中，往往把“实践”（practice）的内涵等同于可操作化的“实务”，这体现了一种“知识运用”的视角。在这种视角下，社会工作实践被理解为社会工作者运用社会工作的理论、方法和技巧进行实际干预、解决问题以服务于案主的活动过程。① 这种理解方式不自觉地预设了理论知识的先在性，即理论知识先于实践操作而存在，并凌驾于实践操作之上；而实践只不过是运用理论知识的具体过程，实践中的问题更是理论知识运用的受体，是接受理论知识之“解剖刀”进行破解、消除、解决的对象。这种理解方式体现出唐纳德·A. 舍恩（D. A. Schon）所指称的技术理性取向的特征，即专业实践活动被视为一种应用科学理论和技术解决问题的过程，当确定了一个既定的目标之后，接下来的中心任务就是如何采用最适当的方法来实现此目标，所以专业实践的任务就是应用专业领域的科学知识和技术来解决问题，最终实现目标。②

但是，如果转换到“知识创生”的视角下来观视“实践”，那么实践就不仅是运用先有的知识去解决问题的过程，更是在行动中认知（knowing in action）、在行动中反省（ reflecing in action）、对行动作反省（ reflecing on action），从而不断创造出新的认识和理解的过程。由是观之，中国社会工作实践本身就蕴含着中国社会工作知识本土建构，在实践场域之中，对带有中国本土特征问题的辨识、确认和建构，就已然是中国社会工作知识本土建构之始了。这些问题因其产生于中国土壤，又蕴含着中国特有的文化价值观念，浸润着民族文化的元素，因此，由这些问题出发所提炼的分析概念、阐释框架、解题思路、表述方式等也必定会有助于架构起具有中国特色的自主性社会工作知识体系。

---

① ［美］F. 埃伦·内廷，［美］彼得·M. 凯特纳，［美］史蒂文·L. 麦克默里特. 宏观社会工作实务［M］. 刘继同，隋玉杰，等译. 北京：中国人民大学出版社，2006.

② Schon D A. *The Reflective Practitioner: How Professionals Think in Action*［M］. New York: Basic Books, 1983.

（二）实践场域是社会文化诸要素的交汇处，构成了中国社会工作知识本土建构的生态环境

从现实特征看，社会工作实践场域具有整体性、动态性。在这个场域之中，活跃着传统文化、政治意识形态、体制机制、市场经济消费文化等各种要素，这些要素各自以自己独特的方式发挥着作用，并相互交织在一起，形成一个复杂的整体，而且其作用的发挥也是变动不居，视不同的服务情境和服务人群而定。通过这个场域，我们可以透视中国传统的思想文化中哪些要素在今天仍然是“活着”的，有生命力的，对当下人们的价值观念和生活方式发生着实质性的影响；可以洞见这些文化传统又是如何与当下的政治意识形态、体制机制安排、市场经济消费文化等相互补充、共振、抵牾、互构、共存，实质性地形塑着当代中国人的“求—助”行为方式和认知取向，影响着社会工作服务提供方式和有效性；还可以探测上述这些元素是和引自西方的社会工作专业理论和实务操作应用有着怎样的互动关系，又是以什么样的方式发生着相互作用的。因此，实践场域构成了中国社会工作知识本土建构的鲜活的社会文化生态环境。对上述这些问题的解答，不仅有助于探索如何本土建构中国社会工作知识，也有助于回答什么是有效的中国社会工作知识这一现实问题。

马克思批评黑格尔的哲学是“坐在摇椅上的哲学”，中国社会工作知识的本土建构也不应是“坐在摇椅上”的研究。恰如有研究者从当代中国整个社会科学和理论的本土建构角度所指出的：“只有着眼于实践，我们才能避免理念化的建构的误导，尤其是意识形态化了的建构的误导。同时，着眼于实践中未经表达的逻辑，这是我们用以把握不同于现有理论框架的新的概念的一条可能的道路。”[①]社会工作知识的本土建构亦是如此，从纯粹的理论假设出发所构造的知识，往往很容易脱离实际，沦为一

① ［美］黄宗智．认识中国——走向从实践出发的社会科学［J］．中国社会科学，2005(1)．

厢情愿的看似美丽实则虚空的泡影。只有真正扎根于实践，在实践场域的社会文化生态环境中生长起来的社会工作知识体系，才具有现实的根基和理论的生命力。尤其是在当下中国的社会文化转型期，人们的价值取向、思想观念、社会心态、认知方式、行为方式等都在发生着剧变，若要建构具有原创性、解释力的中国社会工作知识，回到实践场域，深度关照鲜活动态的社会文化生态，就成为一条不二路径。

（三）实践场域中所生成的实践智慧，是中国社会工作知识本土建构的重要智识资源

在亚里士多德看来，实践智慧（practice wisdom）是一种洞悉和理解实践事务并做出合理行动的理智品质，它起始于人们对何谓人类之善和人类福祉的理解基础上的对问题合乎情境的思考。它包括了正确的知识和良好的判断，不仅涉及认知判断能力，更涉及价值判断能力，是以丰富的实践经验作为知识基础，以在实践中不断追问手段合理性、价值合理性的反思性思维作为动力机制，是“以正确的方式做正确之事”。① 作为以助人自助为目的的一线社会工作实践，本质上就是一种帮助人过上良善生活的实践，其中更是包含着丰富的实践智慧。这种实践智慧来自一线社会工作者的直接实务经验，产生于对服务行动一系列的评估和深入反思之中，丰富于介入理论和实践活动的不断对话之际，并反映于下一步的服务行动中。②

对于一线社会工作者而言，他们的专业服务实践并不是简单地把专业理论知识应用到实践中去的机械简单线性过程，而是参照自己所掌握的专业理论框架，通过“同情境对话”（conversation with situation），运用工作经验中培育出来的具有默会性的实践智慧，来展开对服务问题的“建

---

① Barry Schwartz, Kenneth Sharpe. *Practical Wisdom: The Right Way to Do the Right Thing*[M]. Riverhead Books, 2010.

② William C K Chu, Ming-sum Tsui. *The Nature of Practice Wisdom in Social Work Revisited*[J]. International Social Work, 2018, 51(1).

构与重构”(framing and reframing),以构筑同案主的平等、真诚、尊重、接纳的关系,并最终求得问题解决。也恰恰在这个意义上,有研究者甚至断言:在社会工作的日常实务中,社会工作者运用的并非系统研究和理论性知识;相反,基于实践的直觉性(包括习惯性)的知识才是最重要的。①

这些实践智慧或许不像规范的理论体系那样逻辑严密,而是更显得过于经验化、片段化,但因为它们来自鲜活的实践现场,因此也更多了一份生活性和底层意蕴,更能反映出同样作为普通民众的案主和社会工作者对日常生活的体验和感悟,更能折射出对社会工作最基本事实的理解和认知。因此,中国社会工作知识的本土建构需以积极的态度珍视这些来自实践层面上的智慧,把其作为一个重要的智识资源,并从中汲取有价值的成分,上升为更具普适性、更有解释力的理论概念和分析框架。这会有助于将停留在宏观思辨为特征的宏大叙事式研究转化为聚焦情境化、个体化、动态化的实践现场,凸显本土社会工作者作为社会工作服务主体的实践探索和他们的话语声音,并建立起具有本土社会文化亲和力的知识性表达。

(四)生成于实践场域的实践性知识是社会工作知识的主要构成部分

实践性知识是社会工作知识的一部分。实践性知识作为个体从实践中获得的知识和生活经历,反映了实践的需求,也经过了实践的检验,是实践场域中生成的最直接的知识类型。

但是作为实践性知识的情境性、个体性及默会性,实践性知识的存在形式具有一定的抽象性,实践性知识的传播也具有一定难以言明的难度;实践性知识的积累因此也有了很大的难度。但是基于实践性知识而发展的社会工作知识,则是将个体化、情景化的社会工作实践性知识的再普遍化,它会对实践性知识进行检验,为实践性知识的迁移提供基础,使实践

---

① Goldstein H. *Toward the Integration of theory and Practice: A Humanistic Approach*[J]. Social work, 1986, 31(5).

性知识有了更广范围的灵活应用,也使实践性知识通过反思而具有更高层面的理论性和抽象性,从而也更好地促进了实践性知识的发展和传播。

基于实践性知识研究,引入证据为本的视角,为社会工作知识研究进一步奠定基础。在当前社会工作理论界循证思想为主流的大环境下,工具理性在实践中虽然受到很大的质疑,但是在确认实践性知识的过程中,我们仍然需要基于证据,确认因果,澄清影响因素,形成可传递的知识。引入基于证据的理念和思想,可以使实践性知识提升为社会工作知识有了更高的可信性。虽然证据为本不是社会工作知识研究的唯一角度,但是我们也需要保障实践性知识有足够的有效证据或相关证据。我们需要清楚关于社会工作证据的相关指导。[①] 如图 7-1 所示:我们需要通过证

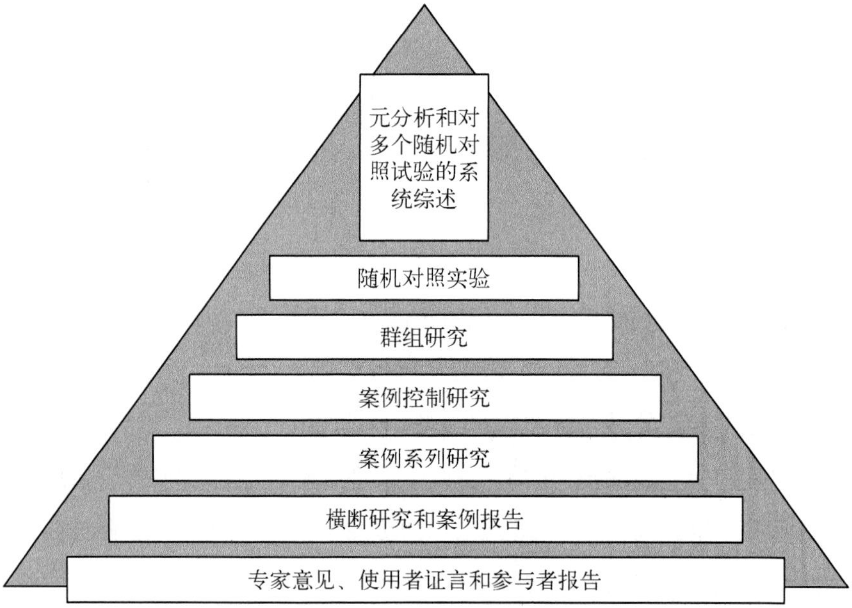

图 7-1　评估干预有效性的证据层级结构[②]

① Sheppard M, et al. *Reflexivity and the Development of Process Knowledge in Social Work: A Classification and Empirical Study*[J]. British Journal of Social Work, 2000(30).

② [美] 马克 · W. 弗雷泽,杰克 · M. 里奇曼. 干预研究:如何开发社会项目[M]. 安秋玲,译. 上海:上海教育出版社,2018.

据等级进一步表现出来，其中一个是顶端随机对照试验(RCT)，其次是其他类型的实验研究。RCT 被认为是研究和评估的金标准。[①] 证据为本的层次结构的底部是案例研究、队列研究和专家意见，我们需要同时进行多层次的考察，提升其可信度。

二、基于实践性知识的社会工作知识本土建构的基本策略选择

社会工作知识生产方式要真正实现本土建构，需破除路径依赖的可能影响。路径依赖(path-dependence)是诺贝尔经济学奖得主道格拉斯·诺斯(Douglass North)提出的一个基本概念，它揭示出当人们选择了某一发展路径后，惯性的力量会使这一选择不断自我强化，一旦进入某一路径就可能对这种路径产生依赖。所选择的路径的既定方向会在以后发展中得到自我强化。在发展中国社会工作的自主性知识体系这一问题上，我们需要清醒地意识到路径依赖的可能影响，走出这种路径依赖的束缚。

在过去的二十多年中，社会工作本土化，已渐趋发展为人们讨论中国社会工作发展的一条主要路径，成了一套主流话语，相关研究者为此付出了大量的智力辛劳，也取得了不少的研究成果。但在中国社会工作走过移植、改造阶段之后，在当下需要对建构社会工作自主性知识体系的时代诉求给予回应之际，我们需要积极探索新的研究方式和策略，以推动今后的研究能从已有的本土化研究路径，更为顺利地转换到本土建构的路径上来。

(一) 关注常人

社会工作服务虽然是一种专业性实践，而且从理论上讲，一线社会工

① Chen H T, Garbe P. *Assessing program outcomes from the bottom-up approach: An innovative perspective to outcome evaluation*[J]. New Directions for Evaluation, 2011, 130, 93-106.

者是以专业人的身份进入服务过程并提供指导的。但是，从另一个角度讲，社会工作服务更是一种生活性实践，这不仅是因为专业社会工作发端于普通人的日常助人活动，而且更因为，在当前我国现阶段，社会工作是要面向最广大的人民群众，以改善民生、服务民众为落脚点，以提高人民生活、增进社会福祉为己任。因此，从这个角度而言，社会工作专业实践必须立足于现实的人的日常生活世界，在具体的生活场景之中展开，其基本向度乃是朝向真实个人的。基于此，可以说，在社会工作专业服务实践中，无论是案主还是社会工作者，都有作为生活世界中普通人、平常人的一面。

关注社会工作专业服务实践过程中，作为常人的案主和社会工作者，是社会工作知识本土建构值得考虑的一个基本策略。社会工作知识本土建构所追求的是对本土文化传统的契合性，而文化传统不仅仅体现为存在于经典文本中的静态凝固的传统思想观点，更存在于当下一般民众活生生的生活方式当中，他们对“好的生活”的认知、理解、希求和实现方式等，就渗透着文化传统的基因。恰如梁漱溟先生说言：“你且看文化是什么东西呢？不过是那一民族生活的样法罢了。生活又是什么呢？生活就是没尽的意欲，和那不断的满足与不满足罢了。”①

在这方面，常人方法学（ethnomethodology）给我们提供了启示。作为对帕森斯“结构-功能”社会学过于强调规范、规则从而导致人有成为“判断傀儡”危险的反驳，常人方法学主张应对人们在解决各种日常问题实践中所使用方法而进行分析。它认为，在日常实践中，人的行动具有权宜性、场景性、索引性等特点，不是按照事先的规则一劳永逸地做事，而是根据场景条件，临机判断，并依赖自身“永无止境”的努力来完成的。在这个过程中，沟通或社会行动的达成，依赖于大家在行动前都具有的且共

① 梁漱溟. 梁漱溟全集（第五卷）[M]. 济南：山东人民出版社，1992.

同给予默认的假设条件或共有知识。[①] 这一理论启发我们，在社会工作专业实践中，一线社会工作者的服务行为也必然受到具体社会文化场景的影响，具有权宜性的特点。他们与服务对象之间也存在着基于相同社会文化背景而形成的共享默认的行动前提假设。而这些因素都是值得社会工作知识本土建构给予积极关注的，社会文化场景性因素是如何影响一线社会工作者做出服务、影响案主接受服务的；一线社会工作者又是怎样临机决断，做出权宜性行为的；一线社会工作者与案主之间都共享着行动的哪些前提假设，等等，对这些问题的揭示和解答，可以为社会工作知识本土建构寻找到鲜活的本土文化基因。

（二）引入对话

“鱼是最后一个知道自己是生活在水里的”，人们往往很难在自己的文化生态之中，去清晰地反思那些为自己所习以为常的观念。但当有另一种截然不同的理解方式出现并作为比较参照时，则这种反思会变得相对容易。社会工作知识的本土建构，不是闭门造车，引入对话机制，在东西方社会工作之间的对话中建构生成，是一条可以选择的基本策略。

毋庸多言，社会工作知识本土建构，不是出于民族主义情结的本土自我防御机制，它不排斥西方社会工作知识，而是以积极开放的态度对待这一人类文明成果，使其成为我们本土建构可资参考的一个智识资源，这应该是我们的共识。对此，加强东西方社会工作之间的对话，是可以有效达成这一点的可资运用的策略方式。人类学研究中曾提出一个基本概念，文化并置(juxtaposition of cultures)，即将异域文化与本土文化放置在一起，相互观照，使原来处于文化格局被动地位的非西方文化成为反思西方支配性文化观念的批评探针。虽然它的出发点，是人类学用来反思西方

① 李猛.常人方法学四十年：1954—1994[J].国外社会学，1997(2)(3)(4).

中心主义文化的，但依然可以为我所用，通过把东西方社会工作并置在一起，在相互的对话之中，比较各自对社会工作的理解方式、价值诉求，比较社会工作实践过程中的文化差异，从而可以更清晰我们本土建构的思路。

对此，教育人类学中的“以视频为刺激线索的多重意义法”(video-cued multivocal method)是值得参考的一个具体研究方法。美国学者托宾(J. Tobin)1989年利用此方法对中国、美国、日本三种文化背景下学前教育展开比较研究。首先，在三种文化下的学前教育机构中拍摄若干教育活动视频；然后，把这些视频拿给各自文化下的教师和家长观看，发表评论；之后，再把这些视频拿给另外两种异文化下的教师和家长观看，发表评论。在评论中，这些教师和家长内隐的教育文化观念就会不自觉地流露出来，研究者通过分析这些评论内容，就可以考察出不同文化背景下对学前教育的多重意义理解。[①] 社会工作知识的本土建构，可以尝试借鉴这一方法，通过拍摄不同文化背景下社会工作专业现场的视频，并以此作为访谈刺激材料，展开跨文化之间的研究对话，从而为本土建构探寻到更具文化回应性(cultural response)的问题领域、概念命题乃至理论范式。

(三) 问题导向

社会工作知识的本土建构，不是为了满足文化自尊情结而去建造一个看似漂亮但却不实用的“玻璃房子”，作为一门应用性学科，能够有效地解决当下具体的社会现实问题，是人们对它最直接的期许。因此，问题导向，以问题解决的需求为驱动是又一条值得考虑的基本策略。恰如有研究者所指出的：社会工作是一个以实践为本的职业及专业领域。我国自恢复社会工作制度以来，西方专业化的职业精神和我国本土化的实用原

① Tobin J, David YH Wu, Dana H Davidson. Preschool in Three Cultures: Japan, China, and the United States[M]. Yale University Press, 1991.

则之争始终不绝于耳，但实际上，服务对象、服务使用者乃至大部分公众并不区分两者，甚至也不关心是否存在西方科学殖民主义的话语霸权。他们关注和需要的只是能够解决现实问题的社会工作者服务。所以，不拘一格建构本土社会工作专业和学科体系、职业结构和服务模式，才是符合我国证据为本、满足结构需求原则的策略选择。①

在这方面，社会工作理论研究者和实务工作者之间组建专业共同体，围绕服务问题，合作开展实务研究，是一个值得肯定的有效方式。这种专业共同体体现了迪尔凯姆(Emile Durkheim)所谓的“有机团结”(organic solidarity)的特征，作为人群结合的一种方式，“有机团结”是建立在社会分工与个人间异质性基础上的一种社会关系，在这种社会关系中，成员之间因相互分工更细而使得相互依赖性增强。它有利于人们在相互差异的基础上凭借理念、志趣进行协商以达成合作的效果。在社会工作实践中，理论研究者和实务工作者结合成专业共同体，他们各自的知识结构、专业视角、解决问题的方式等互有差异。为解决共同的服务问题，他们差异互补，通过研讨交流、自我反省、团体研讨、书写总结，不断深化对服务问题的认识，发展更有效的解决方式，并在此基础上彼此协助，反省自己的知识基础和价值取向，不断激发每位团体成员的理论自觉和实践智慧，并使之外显化。在这一过程中，理论研究者不再是知识权威的立法者，实务工作者也不再是专业知识的受领者，他们都成为基于问题解决的知识合作建构者。也正是在这个意义上，有研究者明确指出，基于问题解决的实务研究不单是关涉专业服务改善和专业能力提升的话题，而且承担着构建社会工作本土知识的历史使命。② 这种起于微观层面自下而上的知识创造，必能对我国社会工作知识的本土建构作出自己的贡献。

① 葛导顺. 社会工作转向：结构需求与国家策略[J]. 社会发展研究，2016(5).
② 费梅苹. 司法社会工作实务研究与反思——以上海社区戒毒康复同伴教育服务项目为例[G]. //王思斌. 中国社会工作研究(第十二辑). 北京：社会科学文献出版社，2015.

总之，作为中国社会工作学科发展的时代诉求，社会工作知识的本土建构，任重而道远，并非一朝一夕的事。但这也确是中国社会工作自主性知识体系发展必然要走的一条路径。从实践性知识到社会工作知识，是中国社会工作知识的发展之路。这种发展路径也必有助于中国社会工作知识体系的发展，使中国社会工作知识为国际社会工作知识库存贡献出中国的力量。

参 考 文 献

[1] [德] M・兰德曼. 哲学人类学[M]. 阎嘉,译.贵阳: 贵州人民出版社,2006.

[2] [美] 马克・W. 弗雷泽,杰克・M. 里奇曼. 干预研究: 如何开发社会项目[M]. 安秋玲,译. 上海: 上海教育出版社,2018.

[3] [美] F.埃伦・内廷,[美] 彼得・M.凯特纳,[美] 史蒂文・L.麦克默特里. 宏观社会工作实务[M]. 刘继同,隋玉杰,等译.北京: 中国人民大学出版社,2006.

[4] [美] 克利福德・吉尔兹. 地方性知识——阐释人类学论文集[C]. 王海龙,等译. 北京: 中央编译出版社,2000.

[5] [美] 唐纳德・A. 舍恩. 反思性实践者——专业工作者如何在行动中思考[M]. 夏林清, 译. 北京: 教育科学出版社,2007.

[6] [英] 迈克尔・波兰尼. 个人知识: 迈向后批判哲学[M]. 许泽民,译. 贵阳: 贵州人民出版社,2000.

[7] 曹锦清. 如何研究中国[M]. 上海：上海人民出版社，2010.

[8] 陈向明等. 搭建理论和实践之桥——教师实践性知识研究[M]. 北京：教育科学出版社，2011.

[9] 陈向明. 质的研究方法与社会科学研究[M]. 北京：教育科学出版社，2000.

[10] [美] 约翰·杜威. 艺术即经验[M]. 高建平，译. 北京：商务印书馆，2010.

[11] 费孝通. 乡土中国[M]. 北京：北京大学出版社，1998.

[12] 胡军. 知识论[M]. 北京：北京大学出版社，2006.

[13] [瑞典] 胡森，[德] 波斯尔韦特. 国际教育百科全书(第一卷)[M]. 李维，等译. 贵阳：贵州教育出版社，1990.

[14] 黄维宪，曾华源，王慧君. 社会个案工作[M]. 台北：五南图书出版股份有限公司，1985.

[15] 黄希庭. 简明心理学辞典[M]. 合肥：安徽人民出版社，2004.

[16] 姜美玲. 教师实践性知识研究[M]. 上海：华东师范大学出版社，2008.

[17] 梁漱溟. 梁漱溟全集(第五卷)[M]. 济南：山东人民出版社，1992.

[18] 孙立亚. 中国社会工作教育发展之反思[C]//载 1999 年社会工作教育专刊——中国社会工作教育协会第二届年会暨“面向 21 世纪的中国社会工作教育”学术研讨会论文集. 北京：中国社会工作教育协会，1999.

[19] 王思斌. 社会工作专业化及本土化实践——中国社会工作教育协会 2003—2004 论文集[C]. 北京：社会科学文献出版社，2006.

[20] 王思斌.《中国社会工作研究》(第九辑). 北京：社会科学文献出版社，2012.

[21] 翟进，张曙. 个案社会工作[M]. 北京：社会科学文献出版社，2001.

[22] 中国社会工作协会. 中国社会工作发展报告(1988—2008)[M]. 北京：社会科学文献出版社，2009.

[23] [加] F. 迈克尔·康内利，[加] D. 琼·柯兰迪宁，何敏芳. 专业知识场景中的教师个人实践知识[J]. 何敏芳，译. 华东师范大学学报(教育科学版)，1996(2).

[24] 安秋玲. 社会工作者实务认知与获得途径的访谈研究[J]. 华东理工大学学报(社会科学版)，2009(3).

[25] 安秋玲. 实践性知识视角下的社会工作本土化建构[J]. 华东师范大学学报(哲学社会科学版)，2013(6).

[26] 陈洪澜. 论知识分类的十大方式[J]. 科学学研究，2007(1).

[27] 陈向明. 什么是“行动研究”[J]. 教育研究与实验，1999(2).

[28] 陈向明. 实践性知识：教师专业发展的知识基础[J]. 北京大学教育评论，2003(1).

[29] 陈友华，苗国，彭裕. 中国社会工作发展及其面临的体制性难题[J]. 思想战线，2012(3).

[30] 程岭. 实践性知识研究的历史嬗变[J]. 教育理论与实践，2017(25).

[31] 范明林，徐迎春. 中国社会政策和社会工作研究：本土化和专业化[J]. 社会，2007(2).

[32] 费梅苹. 司法社会工作实务研究与反思——以上海社区戒毒康复同伴教育服务项目为例[G]//王思斌. 中国社会工作研究(第十二辑). 北京：社会科学文献出版社，2015.

[33] 风笑天. 定性研究概念与类型的探讨[J]. 社会科学辑刊，2017(3).

[34] 葛导顺. 社会工作转向：结构需求与国家策略[J]. 社会发展研究，2015(4).

[35] 韩庆祥，王海滨. 建构“面向中国问题的哲学”研究范式[J]. 江海学

刊,2015(4).

[36] 何雪松. 重构社会工作的知识框架：本土思想资源的可能贡献[J]. 社会科学,2009(7).

[37] 何雪松. 迈向中国的社会工作理论建设[J]. 江海学刊,2012(4).

[38] [美] 黄宗智. 认识中国——走向从实践出发的社会科学[J]. 中国社会科学,2005(1).

[39] 李芳,何雪松,童小军,梁建雄. 社会工作本土化的总体趋势[J]. 中国社会工作,2018(4).

[40] 李猛. 常人方法学四十年：1954—1994[J]. 国外社会学,1997(2)(3)(4).

[41] 李山林，皮静萍. 于漪实践性知识的内容和特征[J]. 当代教育评论(下半月刊),2009(1).

[42] 李迎生,韩文瑞,黄建. 中国社会工作教育的发展[J]. 社会科学,2011(5).

[43] 李迎生. 构建本土化的社会工作理论及其路径[J]. 社会科学,2008(5).

[44] 刘继同. 社会工作"实务理论"概念框架、类型层次与结构性特征[J]. 社会科学研究,2012(4).

[45] 刘文祥. 杜威的经验概念研究[D]. 长春：吉林大学,2013.

[46] 马志强. 21世纪以来社会工作的本土化倾向[J]. 中州学刊,2010(1).

[47] 曲铁华,李虹. 基于教师实践性知识生成机制的教师教育课程实施改革策略[J]. 四川师范大学学报(社会科学版),2018(2).

[48] 史东方,李峰. 教学意象：教师实践性知识生成的新路径[J]. 上海教育科研,2017(12).

[49] 宋璞,李祥. 学前教育师范生实践性知识的构成要素及生成路径

[J]. 学前教育研究,2017(1).
[50] 孙建立. 培养造就宏大的社会工作人才队伍[N]. 中国组织人事报,2011-7-15.
[51] 唐咏. 中国内地社会工作理论本土化研究[J]. 学术界,2009(2).
[52] 陶文中. 行动研究的基本理念[J]. 教育科学研究,1997(5).
[53] 田毅鹏,刘杰. 中西社会结构之“异”与社会工作的本土化[J]. 社会科学,2008(5).
[54] 王思斌. 试论我国社会工作的本土化[J]. 浙江学刊,2001(2).
[55] 王思斌. 中国社会的求—助关系——制度与文化的视角[J]. 社会学研究,2001(4).
[56] 王思斌. 中国本土社会工作实践片论[J]. 江苏社会科学,2011(1).
[57] 王思斌. 中国社会工作的嵌入性发展[J]. 社会科学战线,2011(2).
[58] 魏戈,陈向明. 如何捕捉教师的实践性知识——“两难空间”中的路径探索与实践论证[J]. 教育科学研究,2017(2).
[59] 文军,何威. 从“反理论”到理论自觉:重构社会工作理论与实践的关系[J]. 社会科学,2014(7).
[60] 吴建平. 制度资源与组织载体:社会工作本土化的理论思考[J]. 中国青年政治学院学报,2011(1).
[61] 辛自强,林崇德. 微观发生法:聚焦认知变化[J]. 心理科学进展,2002(2).
[62] 徐冰鸥. 叙事研究方法述要[J]. 教育理论与实践,2005(16).
[63] 徐亚丽. 社会工作伦理本土化[D]. 济南:山东理工大学,2011.
[64] 杨超,何雪松. 社会工作的关系视角[J]. 学海,2017(4).
[65] 杨国荣. 论实践智慧[J]. 中国社会科学,2012(4).
[66] 殷妙仲. 专业、科学、本土化:中国社会工作十年的三个迷思[J]. 社会科学,2011(2).

[67] 袁方. 中国社会工作教育及其面临的转变[J]. 中国社会工作，1997(1).
[68] 张洪英. 社会工作教育及专业社会工作关系的透视[J]. 中国青年政治学院学报，2007(1).
[69] 中国社会科学院语言研究所词典编辑室. 现代汉语词典(第 5 版). 北京：商务印书馆，2005.
[70] 周霞. 行动研究：价值与反思[J]. 湖北民族学院学报(哲学社会科学版)，2005(4).
[71] 朱健刚，陈安娜. 嵌入中的专业社会工作与街区权力关系——对一个政府购买服务项目的个案分析[J]. 社会学研究，2013(1).
[72] 刘凌艳. 一线社会工作者实践中的专业性研究[D]. 上海：华东师范大学，2014.
[73] 温菁. 上海市社区社会工作者实务经验研究[D]. 上海：华东师范大学，2018.
[74] Altrichter H. Practitioners, higher education and government initiatives in the development of action research: The case of Austria[M]. London: Falmer, 1997.
[75] Barry Schwartz, Kenneth Sharpe. Practical Wisdom: The Right Way to Do the Right Thing[M]. Riverhead Books, 2010.
[76] Broudy H S, Smith B O, Burnett J R. Democracy and excellence in American secondary education: A study in curriculum theory [M]. New York: Krieger Publishers, 1978.
[77] Burns M. The Historical Development of the Process of Casework Supervision as seen in the Professional Literature of Social Work [D]. Unpublished Docotoral Dissertation, University of Chicago, 1958.

[78] Carr W, Kemmis S. Becoming critical: Education, knowledge and action research[M]. London: Falmer, 1986.

[79] Chenoweth L, McAuliffe D. The Road to social work and human service practice: An introductory text[M]. Southbank Victoria: Thomson Learning, 2005.

[80] Dewey J. Logic: The Theory of Inquiry[M]. New York: Holt, Rinehart and Winston, 1938.

[81] Elbaz F. Teacher Thinking: Study of Practical Knowledge[M]. London: Croom Helme, 1983.

[82] Elliott J. Action research for educational change[M]. UK: Open University Press, 1991.

[83] England H. Social work as art: Making sense for good practice [M]. London: Allen and Unwin, 1986.

[84] Eraut M. Developing Professional Knowledge and Competence [M]. London, Falmer Press, 1994.

[85] Flyvbjerg B. Making Social Science Matter: Why Social Inquiry Fails and How It Can Succeed Again[M]. Cambridge: Cambridge University Press, 2001.

[86] Howe D. An Introduction to Social Work Theory[M]. Aldershot, Berks: Wildwood House, 2007.

[87] Karpf M L. The scientific basis of social work[M]. New York: Columbia University Press, 1931.

[88] Midgley J. Professional imperialism: Social work in the Third World[M]. London: Heinemann, 1981.

[89] Munson C E. Handbook of Clinical Social Work Supervision[M]. 3rd edn. New York: Hawthorn Press, 2002.

[90] Nutley S, Walter I, Davies H. Using evidence: How research can inform public services[M]. Bristol: Policy Press, 2007.

[91] Pearsall and Hanks. Oxford Dictionary of English[Z]. Oxford: Oxford University Press, 2003.

[92] Robinson L. Psychology for Social Workers: Black Perspective [M]. London: Routledge, 1995.

[93] Schon D A. The Reflective Practitioner: How Professionals Think in Action[M]. New York: Basic Books, 1983.

[94] Schon D. The reflective practitioner: How professionals think in action[M]. Aldershot, Arena, 1991.

[95] Stepney P. The theory to practice debate revisited[C]. In Stepney P. and Ford D. (eds), Social Work Models, Methods and Theories. Lyme Regis, Russell House, 2000.

[96] Thompson N. Understanding Social Work: Preparing for Practice [M]. Basingstoke, Palgrave, 2000.

[97] Abbott A. Boundaries of social work or social work of boundaries [J]. Social Service Review, 1995, 69(4).

[98] Busse S. Supervision between Critical Reflection and Practical Action[J]. Journal of Social Work Practice, 2009, 23(2).

[99] Caras A, Sandu A. Epistemic and Pragmatic Backgrounds of Supervision of Ethics[J]. Procedia-Social and Behavioral Sciences, 2014, 149(5).

[100] Caras A, Sandu A. The role of Supervision in Professional Development of Social Work Specialists[J]. Journal of Social Work Practice, 2014, 28(1).

[101] Carew R. The place of knowledge in social work activity[J]. The

British Journal of Social Work, 1979, 9(3).

[102] Chen H T, Garbe P. Assessing program outcomes from the bottom-up approach: An innovative perspective to outcome evaluation[J]. New Directions for Evaluation, 2011, 93 - 106, 130.

[103] Clandinin D J, Connelly F M. Teachers' Personal Knowledge: What Counts as Personal in Studies of Personal[J]. Journal of Curriculum Studyies, 1987(19).

[104] Cojocaru S. Appreciative Supervision in Social Work. New Opportunities for Changing the Social Work Practice[J]. Journal of Social Intervention, 2010, 29(1).

[105] Egan R. Australian Social Work Supervision Practice in 2007[J]. Australian Social Work, 2012, 65(2).

[106] Eldøena T, et al. Social work in light of Jane Addams[J]. Sociology Study, 2017, 7(4).

[107] Epstein I. Promoting Harmony Where There is Commonly Conflict: Evidence-informed Practice as an Integrative Strategy [J]. Social Work in Health Care, 2009, 48(3).

[108] Greenwood E. Attributes of profession[J]. Social work, 1957, 2(3).

[109] Goldstein H. Toward the Integration of theory and Practice: A Humanistic Approach[J]. Social work, 1986, 31(5).

[110] Howe D. Modernity, post modernity and social work[J]. British Journal of Social Work, 1994, 24(5).

[111] Hugman R. Professionalization in social work: the challenge of diversity[J]. International Social Work, 1996, 39(2).

[112] Lewin K. Action research and minority problems[J]. Journal of

Social Issues, 1946(3).

[113] McNeece C A, ThyerB A. Evidence-Based Practice and Social work[J]. Journal of Evidence-Based Social work, 2004(1).

[114] Mel Gray. Indigenization in a globalizing world: A response to Yunong and Xiong[J]. International Social Work, 2008, 51(1).

[115] Morago P. Dissemination and Implementation of Evidence-based Practice in the Social Services: A UK Survey[J]. Journal of Evidence-Based Social Work, 2010, 7(5).

[116] Nevo I, Slonim-Nevo S. The Myth of Evidence-based Practice: Towards Evidence-informed Practice[J]. British Journal of Social work, 2011, 41(6).

[117] Osmond J. The knowledge spectrum: A framework for teaching knowledge and its use in social work practice[J]. British Journal of Social Work, 2005, 35(6).

[118] Parton N. Risk, advanced liberalism and child welfare: The need to rediscover uncertainty and ambiguity[J]. British Journal of Social Work, 1998, 28(1).

[119] Parton N. Some thoughts on the relationship between theory and practice in and for social work[J]. British Journal of Social Work, 2000, 30(4).

[120] Preston-Shoot M. Evidence, the final frontier? Star Trek, groupwork and the mission of change[J]. Groupwork, 2004, 14(3).

[121] Rachelle A, Shcroft R, Katwyk T V. Joining the global conversation: social workers define health using a participatory action research approach[J]. British Journal of Social Work,

2017, 47(2).

[122] Resnick R P. Conscientization: An indigenous approach to international social work[J]. International social work, 1996, 19(1).

[122] Rosen A. Knowledge use in direct practice[J]. Social Service Review, 1994, 68(4).

[124] Rosenblatt A. The practitioner's use and evaluation of research [J]. Social Work, 1968, 13(1).

[125] Sheppard M, et al. Reflexivity and the Development of Process Knowledge in Social Work: A Classification and Empirical Study [J]. British Journal of Social Work, 2000(30).

[126] Sheppard M. Newstead S. DiCaccavo A. and Ryan K. Comparative hypothesis assessment and quasi triangulation as process knowledge: Assessment strategies in social work practice [J]. British Journal of Social Work, 2001, 31(6).

[127] Sheppard M, Newstead S. DiCaccavo A. et al. Comparative hypothesis assessment and quasi triangulation as process knowledge: Assessment strategies in social work practice[J]. British Journal of Social Work, 2001, 31(6).

[128] Sheppard M, Ryan K. Practitioners as rule using analysts: A further development of process knowledge in social work[J]. British Journal of Social Work, 2003, 33(2).

[129] Sheppard M. Social work, social science and practice wisdom[J]. British Journal of Social Work, 1995, 25(3).

[130] Shulman L, S. Signature Pedagogies in the Professions[J]. Daedalus, 2005, 134, (3).

[131] Smith P. Statutory social work: A study of workers' expectations and realisations [J]. Social Work Review, 2001, 111(4).

[132] Tobin J, David YH Wu, Dana H Davidson. Preschool in Three Cultures: Japan, China, and the United States. Yale University Press, 1991.

[133] Trevithick P. Revisiting the Knowledge Base of Social Work: A Framework for Practice [J]. British Journal of Social Work, 2008, 38(6).

[134] Trinder L. Evidence-based practice in social work and probation [A]. In Trinder, L. and Edwards, S. (Eds.). Evidence-based practice: A critical Appraisal. Oxford: Blackwell Science, 2000.

[135] William C K, Chu, Ming-sum Tsu. The Nature of Practice Wisdom in Social Work Revisited[J]. International social work, 2008, 51(1).

[136] IFSW & IASSW. Global Definition of Social Work [EB/OL]. 2015-12-18. http://www. iassw-aiets. org/global-definition-of-social-work-review-of-the global-definition.

后　记

从心理学专业到社会工作专业的跨越，虽具备了交叉学科的优势，但这一跨越在开始的阶段，更多的是艰难适应，而不是优势发挥。进入社会工作的教学和研究领域，就决定着我需要在这个话语体系中发展自己的研究焦点，但是如何在衔接已有的心理学研究基础上发展自己的研究，在开始工作的几年内我一直苦思而无所得。在一次次的努力课题申报过程中，在不断指导学生实习的过程中，我找到了实践性知识这一研究视角，并围绕实践性知识收集资料，申报课题。当积累的资料越来越多时，亟待希望能整理手边的资料，和大家共享来自社会工作实践领域的智慧。

这是一个漫长的过程，从开始收集资料，准备出版到现在，已经过了五年多。五年内我不断地思考关于社会工作实践性知识的存在、表征、形成等问题。我会在听学生实习汇报的时候突获灵感，我会因在某份会议手册上看到一个概念而去参加会议，我会在寒暑假利用难得的大块时间去做访谈。五年内我也对本土化进行了研究和反思，意识到本土化最终将走向本土知识建构，并对专业知识、实践性知识、社会工作知识等问题进行了关注与初步的研究，发表了几篇本主题的论文。五年内我也指导研究生对实践性知识进行参与观察，对实践性知识的一些相关概念进行论文研究，如专业性问题、实践经验问题等。五年是一个积累与反思的过程。现在我终于可以将五年来的论文、文献、摘录、访谈、转录、笔记等，分类整理并成为本书的主体内容。但由于写作的时间太过仓促，很多有待讨论的地方都未完善，整体理论深度有待提高。

我深深知道本书的出版对我的研究而言，仅是一个开头，恰如社会工作的发展路径一样，从社会工作者的实践性知识到社会工作"本土知识建构"仍然有很长的路。社会工作实践性知识依然需要深入挖掘与不断拓宽。书中仍有很多不完善的地方，我会继续努力！

感谢所有在这一过程中接受访谈的一线社会工作者、学生及相关人员，感谢帮忙一起访谈和转录的学生们，谢谢你们所给予我的支持！

本书是国家哲学社会科学课题"实践场域内社会工作本土知识及提升路径研究"的阶段成果之一，本书出版得到华东师范大学第一福利院社会工作硕士专业学位研究生示范基地建设项目资助。

内 容 提 要

我国的社会工作经过了三十余年的发展，究竟其专业性如何？一线社会工作者多年的经验究竟表现在哪里？为什么走出课堂、进入机构的社会工作实习生总是有那么多的困惑？这些问题都可以从社会工作者的实践性知识中获得回答。社会工作者实践性知识是一线社会工作者在服务过程中经过反思而生成的一种契合文化、符合情境且有生命力的知识。研究社会工作者实践性知识不仅是对社会工作前期发展的总结提升，也是为后续建构有中国特色的社会工作知识体系奠定基础。本书作为探索性的研究，通过对一线社会工作者的观察与访谈，探讨了社会工作者实践性知识的表征形式、生成机制、存在领域，以及内容类型等，这为我们理解社会工作一线实务、分析社会工作专业性、提升社会工作课堂和实践的衔接，以及建构社会工作专业知识体系等都奠定了坚实基础。